图解 精益制造042

PDCA精进法

[ポイント図解]PDCAが面白いほどできる本

[日]川原慎也 著
谌红军 译

人民东方出版传媒
People's Oriental Publishing & Media
東方出版社
The Oriental Press

目 录

序言 …………………………………………………… 001

PDCA 概要 ………………………………………………… 003

第1章 PDCA 无法循环的六个理由

▶01 **未能做好计划** …………………………………… 002

事业活动的基本——PDCA 无法循环的最大原因

▶02 **误以为“业绩预测＝目标”** ……………………… 007

如果目标设定有误，则连 PDCA 的起点也无从谈起

▶03 **设定“能达成的目标”** ………………………… 010

如果没有设定挑战性的目标，则无法带来任何改变

▶04 **没有计划就开始行动** ……………………………… 013

安稳企业常见的“PDCA 机能不全”综合征

▶**05 失去了“目的”** ………………………… 016

如果没有构成 PDCA 根基的“目的”，就无法踏出 PDCA 的第一步

▶**06 没有认真制订计划的时间** ………………… 020

如果借口日常业务繁忙而不制订计划，则永远也无法贯彻 PDCA

感动案例①

制订计划要“下定决心” ………………………… 023

——商业街起死回生的机动自行车店铺

第2章 认真制订计划

▶**07 用自己的语言描述目的** …………………… 028

领会了目的之后才能迈出 PDCA 的第一步

▶**08 设定“应达成的目标”** …………………… 032

因为是难度高的目标，所以能够认真制订计划

▶**09 明确目标认识上的差异** …………………… 036

要找出“应达成的目标”和“臆测目标”之间的差异

▶10 明确“同客户的约定内容” ………… 039

在决定“应采取的行动”上不可缺少的思路

▶11 确定最重要的行动 ………… 045

从“同客户的约定内容”中推导出“最重要的行动”

▶12 以充满信心的心态制订计划 ………… 048

计划制订以后要给众人“能达成目标”的信心

感动案例②

确定“应达成的目标”，5个月实现盈利 ………… 051

——让常年亏损部门实现盈利奇迹的大型物流公司

第3章 提高实行水平

▶13 把时间花费在重要业务上 ………… 056

有必要在D阶段重新安排时间

▶14 舍弃非重要业务 ………… 059

有三种方法可以把时间用在重要业务上

▶15 不要总认为“我很忙！” ………… 063

决定了业务优先顺序后，面对不熟悉的业务也不会感

到慌张

▶16 留出相互交流的时间 ………………………… 069

组织成员之间的交流对于提高实行水平、促进组织成长起着必不可少的作用

▶17 讲究言语的表述方式 ………………………… 073

言语是发现应该做的事情的思考工具

▶18 亲自思考，亲自实行 ………………………… 077

提高实行水平并取得成果的行动准则

▶19 5S 能带来意想不到的效果 ……………………… 081

组织成员具备“问题意识”，成为实行水平高的组织

感动案例③

增加“面谈时间”，逆转成功 ………………………… 085

——优先构筑新顾客关系的专业经销商

感动案例④

靠与众不同的想法和“灵活的处理能力”让销售额上升 2 倍！ ………………………… 088

——实现每月 2 次库存周转的中小服装销售公司

第4章 拥有能进行评价的标准

▶20 **建立和成果直接相关的评价指标**………… 094

利用 KPI 设定评价标准

▶21 **行动比结果更重要**………………………… 099

努力完善自我管控

▶22 **找出行动力差的原因**……………………… 103

精确分析过去的问题点，能够发现真正的课题

▶23 **从数量到质量的行动准则**………………… 106

掌握提高行动 KPI 的正确步骤

▶24 **组织全体共同面对问题点**………………… 109

问题点无法单靠个人进行改善

▶25 **早期评价推动早期改善**…………………… 113

利用行动 KPI 进行早期评价，并应用到每日改善之中

▶26 **准确把握应回顾的要点**…………………… 116

以行动 KPI 这一标准为依据明确“该做的事情”

感动案例⑤

通过进行来店新客的“KPI 分析”，成交率直涨 3 倍 ……………………………………… 120

——通过“边交谈边招待顾客进店”获得成功的汽车经销商

第5章 组织全体成员共同致力于问题的改善

▶**27 “同客户的接触点”是问题改善的要点** … 126

以客户为中心查出问题所在能够发现改善要点

▶**28 进行能够洞悉本质的考察** …………………… 130

仅靠言语无法全面掌握客户需求

▶**29 消除阻碍才能解决问题** …………………… 134

脱离成员之间、部门之间的争斗，推动问题的改善

▶**30 召开有效的会议** ……………………………… 137

决定改善对策中必不可少的步骤

感动案例⑥

关注“同顾客的接触点”，掌握开发新顾客的秘诀 ································ 141

——将厨师店长的店锁定为目标的中坚食品批发公司

第6章 把 PDCA 最大限度地活用在管理之中

▶**31 理所当然地做理所当然的事情** ································ 146

高水平的领导特意亲自参与解决问题

▶**32 提高基本水平** ································ 150

掌握和应用工作基本

▶**33 企业战略是指资源分配** ································ 153

决定有效使用有限经营资源是领导职责

▶**34 营业战略是指时间分配** ································ 156

按时间顺序制订实行计划，随时改变工作方式

▶**35 现场领导才是 PDCA 的重中之重** ································ 159

拥有经营者视野的现场领导是企业得以成长的中心人物

感动案例⑦

锻炼“鹰之眼”，推动现场运作 ………………… 162

——通过干部集训推敲经营战略的精密机器制造厂商

序　言

在事业最前沿阵地奋战的诸位应该都很清楚 PDCA 在提高业务效率上的重要性。不过众所周知，企业业绩（销售额、利润）并不仅仅受制于个人努力。企业业绩不仅取决于员工能力和组织风土等内部环境因素，同时也受到经济状况和竞争企业等外部环境因素的影响。

既然这样，是不是什么样的努力都没有意义呢？我的观点恰恰相反。我的想法是，要认清自己所在企业（或部门）的现状，深入思考究竟如何才能持续成长下去，然后切实落实到行动上。

□喜欢上变化

要想取得变化，必须改变现有的思考方式和工作方法。面对思路改变，有一些人会感受到巨大的压力。如果是这样，请按如下建议考虑一下：

◆亲自考虑，亲自行动，会得到意外的快乐。

◆大家考虑，大家行动，会得到更大的快乐。

这是和我有业务往来的客户企业领导和员工在贯彻 PDCA 并取得成果后发出的肺腑之言。

□通俗易懂的图解和实例

拿起这本书的读者当中，可能有人读过 2012 年出版的拙著《这就是 PDCA》一书。托诸位之福，如今仍然畅销的该书获得了通俗易懂、读起来很顺畅的好评。一方面除了承袭了该书的原汁原味，本书还使用了丰富的图解和实例，从而变得更加通俗易懂。另一方面，值此众多企业意欲回到 PDCA 管理基本起点之际，我自己也积累了更多的现场体验，一直磨炼着 PDCA 实践技能。

最后，衷心希望有更多的读者能够通过本书掌握 PDCA 实践技能。

川原慎也

PDCA 概要

究竟什么是 PDCA？

P：Plan—计划

D：Do—实行

C：Check—评价

A：Action—改善

一句话就是：针对目标，制订计划，实行计划，随时评价实行计划的结果，然后再采取改善措施，回到 Plan 阶段。

重复这种管理循环，进而提高工作效率，这就是 PDCA 管理循环。

□为什么必须认真考虑 PDCA 管理循环？

◆按传统工作方法开展业务，企业会平安无事吗？

与第二次世界大战后的高度经济成长期和泡沫经济期不同，如今竞争企业之间面临的是生死存亡的商业竞争。

◆按传统工作方法开展业务，会达成企业设定的目标吗？

如今市场呈现缩小倾向，即使是团队协作也不易取得成果。

◆按传统工作方法开展业务，会感到快乐吗？

只默默地做自己眼前的工作，不仅不易出成果，还会感到巨大的压力。但如果以富于挑战的精神改变传统工作方法，则会产生干劲，每天都会很快乐。

能实现企业成长的 PDCA 特征

□致力于解决以下问题

◆为什么企业从事这项事业？

◆企业应该珍惜的价值观是什么？

◆能够具体描绘企业将来的形象吗？

◆是否具有能够实现的目标？

◆是否具有应该实现的目标？

◆计划是否能使企业成员滋生“赢得未来”的信心？

◆应该改变的地方是否明确？

◆不是以个人方式而是以团队方式迎接挑战的吗？

◆团队内部是否有经常相互交流的时间安排？

◆产量得不到提高的理由是什么？

◆品质得不到提升的理由是什么？

◆是否有夸大部门或个人业务水平的现象？

◆是否在义无反顾地追求“整体最优化”？

□如此进行 PDCA 管理循环

◆目的——想成为×××企业

◆目标——为此，下期挑战销售额×××元

◆P—计划——OK，按此计划进行，可以达成目标。

◆D—实行——企业资源应集中于此项工作，你的工作先缓一下。

◆C—评价——为什么工作进展不顺利？

◆A—改善——能做的都做了之后，做不到的要通过改善做到。通过改善重新制订计划，即回到 Plan 原点。

你的企业是不是遭遇了如下瓶颈？

□业绩越好的企业 PDCA 越不易得到贯彻。

◆以为同从前一样工作，也能取得不错的工作成绩。

◆很多员工不知不觉沉浸在安于现状的气氛之中。

◆如果强调给企业组织带来紧迫感的“变化”，有人会想到是不是“不好的企业”。

◆虽然明知是企业全体成员的共同课题，但往往凭借本人能力有限这一借口，不想致力于根本性的解决方案。

□陷入连能达成的目标也未能达成的恶性循环。

◆好不容易设定了能够达成的目标，但无法制订计划，结果连能达成的目标也未能达成。而众人感慨地说：我们的企业还没有达到能确定高目标的程度。

所以，一开始不要匆忙制订计划，应该先从企业组织机制上认识 PDCA 管理循环得不到贯彻的原因。

第 1 章

PDCA 无法循环的六个理由

提高销售利润不能没有计划

▶01 未能做好计划

事业活动的基本——PDCA 无法循环的最大原因

◆没有具备真正的 P-D-C-A-P 循环意识

很多来咨询 PDCA 为什么无法循环的人经常提出如下问题：想好好利用 PDCA 方法出成果，但实际操作起来并不顺利，P（计划）、D（实行）随时可以做到，但 C（评价）、A（改善）却很难做到。

我觉得提出这种问题的人本身对 PDCA 的认识就有个误区，实际上，他们并没有具备真正的 P-D-C-A-P 循环意识。

要使 PDCA 良性循环，应该在制订切实可行的计划后按该计划实行。如果在实行过程中有不顺利的地方，应该找出原因，修正当初制订的计划后再实行。这是利用 PDCA 管理工具所应具备的真正的意识。

◆大多数人容易陷入这个认识误区

那么，为什么大多数人都容易陷入这个认识误区呢？这是因为在计划实行过程中遇到困难的时候，他们并没有致力于寻

PDCA 源流

PDCA 循环是由美国人休哈特及戴明两位物理学者从品质管理的观点出发提倡的理论。

找真正的原因。

更重要的一点是，计划本身就不是切实可行的，即计划之中没有明示各个实行阶段的具体步骤。

我问他们，是不是他们的计划和实行本身存在问题，他们对此都是一副迷惑不解的表情。当我进一步解释说，他们讲的 P（计划）、D（实行）随时可以做到这一说法本身就是不对的，这时他们才被我说服，承认自己制订的计划和实行过程本身的确存在问题。

◆把“目标”和“计划”混为一谈

请大家想一想，是不是弄错了“计划”的定义？比如，企业设定的年中目标预算可按月区分，至于具体业务可按周、日区分，还可以按部门、店铺和负责人区分，或者按客户、商品等区分。

这样细分以后看起来的确“很像计划”，不过，无论把“结果”的数值细分到何种程度，它仍然只是应该达成的“目标”而已。

假如把这些数值看成“计划”，那么这种认识本身就是错误的。

即使将目标细分化也成不了计划

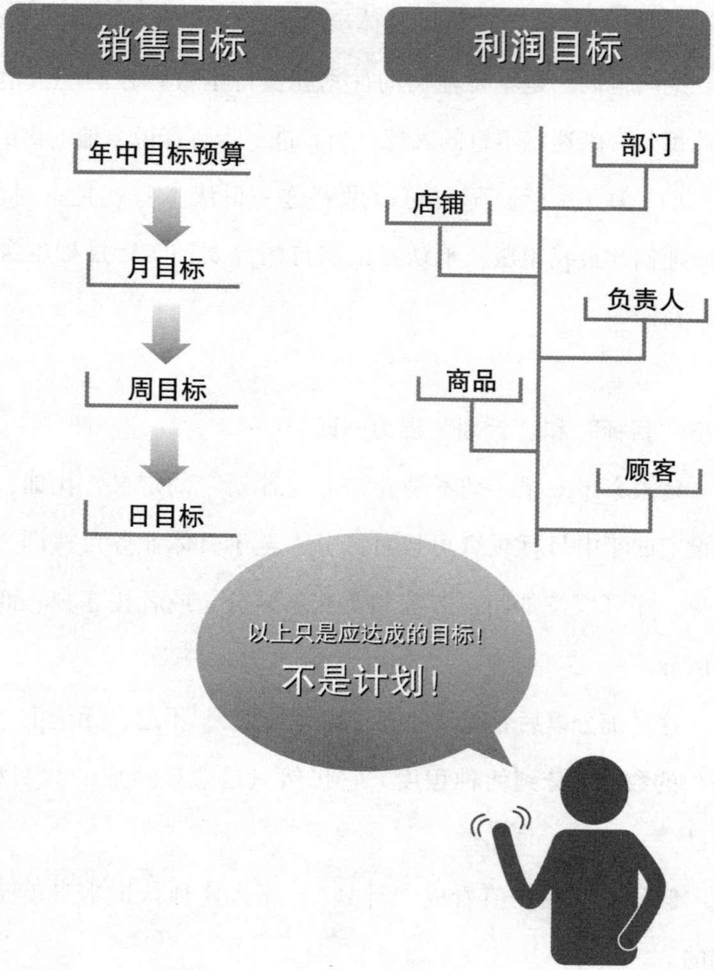

◆**制订周密计划是先决条件**

以攀登珠穆朗玛峰为例进行说明会容易理解。珠穆朗玛峰峰顶是目标，从出发地通过什么路径，如何才能到达峰顶是计划。因为目标是同死神相邻的珠穆朗玛峰峰顶，可想而知，必须制订万全的周密计划。由此可见，能够明确达成目标的具体步骤才是计划。如果有这样周密的计划，后续的 D、C、A 自然会水到渠成。

在上述 P、D 随时可以做到，但 C、A 很难做到的场合，其本质是字面上完成的 PDCA，从明确达到目标的具体路径的角度看，该计划是残缺不全的。

总而言之，很多人误解了“计划”的真正的定义，这正是 PDCA 无法循环的最主要原因。

计划是目标达成的必要条件

只有“精心制订”的计划才有意义

01 小 结 如果想循环 PDCA，那就先制订计划。

▶02 误以为“业绩预测=目标”

如果目标设定有误，则连 PDCA 的起点也无从谈起

◆确认“目标”的设定方法

说你一开始就没有具体“计划”，很多从事 PDCA 的人可能一时难以接受。不过这的确是现实，而且是包含相当一部分人群的。先谈一下其主要原因——“目标的设定方法”。

计划？目标？大家可能觉得有点错综复杂。那我们想想一些常用目标的设定方法，比如年中目标。

多数企业会在决算期迫近之际设定“下期的目标”，这时首先考虑的是“本期的最终实绩能够转换成多少数值”。以本期的最终能转换成数值的实绩为基准，设定下期的目标，这是方法论中一种有效的方法。

◆误以为业绩预测就是目标

问题在于把将来预测认定成事实了，即他会沿着以下思路思考：本期的最终实绩能转换成数值 5 亿，就目前的经济状况而言这是不错的成绩。虽然市场已经从稳定期开始进入衰退期，

外部环境

包括人口构成和生活模式等社会环境，产业构造变化和技术革新等宏观环境等。其中，市场动向，同竞争企业的关系会给企业活动带来最大影响。

但设定目标总不能同本期一样，所以把目标往上浮动一些是顺理成章的事情，请大家拿出干劲加油。

不管怎样，这仅仅是“业绩预测”而已。

◆如果同外部环境联动就不需要什么“计划”

的确有必要考虑市场规模、市场动向等外部环境。不过基于市场萎缩的外因，把企业业绩同其联动起来，认为下期也和本期采取一样的工作模式就可以，这样的企业工作模式得不到转换。

一旦误以为业绩预测就是目标，那么就毫无制订“计划”的可能性，因为有“本期计划”可以继续沿用到下期。从某种意义上来说，错误的目标设定方法才是PDCA无法得以循环的主要原因。

要区分业绩预测和目标

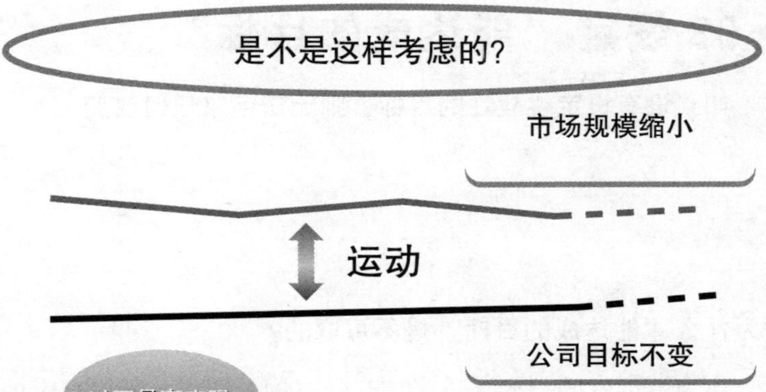

以下是事实吗？

市场萎缩，所以我们公司业绩没有提升

02 小 结 如果只关注外部环境，那么支撑企业成长的 PDCA 将无法循环。

内部环境
企业自身可以控制的环境，指经营资源（人、物、财）和相关能力及技术等，即企业拥有的商品、资金以及人的力量。

▶03 设定“能达成的目标”

如果没有设定挑战性的目标，则无法带来任何改变

◆为什么“能达成的目标”是不可取的？

作为不可取的目标之一，“能达成的目标”占据相当大的比例。经常听到有人议论，设定能达成的目标不是很好吗？事实上对于组织而言，它没有任何一点附加价值。

因为同上述的“业绩预测”相比，“能达成的目标”招致的结果是同样的。稍微不同之处在于，“业绩预测”基于外部环境负面影响不主张抬高目标值，而“能达成的目标”受到的是企业内部两难处境的影响。

◆事业规模日趋缩小

首先谈谈企业内部的两难处境。近年来，销售额很难提升的企业越来越多。这样一来，众多企业就不可避免地提出了“尽量削减成本、想办法创造利润”的口号，希望能在不增加人力和销售费用的前提下产出同样的成果。

在这种企业内部环境的制约下，如果想把下期的目标往上

目标管理制度
彼德·德鲁克提倡的组织管理概念，有时也用作人事评价的一环。

浮动一些，势必会立刻受到阻挠：现在已经勉强维持，再往上浮动目标值是万万做不到的。

在设定目标阶段，如果因为不能再往上浮动目标而设定“能达成的目标”的话，作为结果，人力、物力和资金这些企业“经营资源”可以得到节俭，但销售额是不可能增加的。很明显，年复一年，企业必将陷入这种恶性循环。

◆企业内部评价制度和企业内部两难处境有关

企业内部两难处境同企业的评价制度、业绩管理的结构有关。比如作为评价制度之一，很多企业导入了“目标管理制度”。不过在员工自主评价、决定自己目标达成度的场合，与挑战性的目标相比，“能达成的目标”还是更受欢迎的。

因为在业绩管理场合，如果设定高目标，在会上则有做亏损报告的风险，这样自尊心会受到伤害。所以，员工还是倾向于设定“能达成的目标”。

在企业内部两难处境约束下设定的“能达成的目标”同“误以为业绩预测就是目标”一样，都渗透着把“本期计划”继续沿用到下期的思考，所以作为结果它们都认为没必要再认真制订切实可行的计划。

“能达成的目标”所产生的负面影响

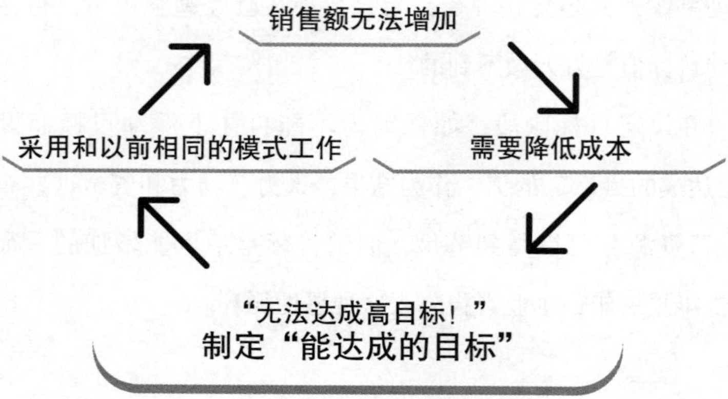

03 小 结 受制于企业内部的两难处境，无法制定具有挑战性的目标。

▶04 没有计划就开始行动

安稳企业常见的“PDCA 机能不全”综合征

◆自己意识不到的大过失

在未能制订切实可行计划的企业，很多人都认为“没必要制订那么周密的计划”。需要指出的是，他们绝不是有意识地这么主张，而是潜意识里就有这种思考倾向。

令我感到惋惜的是，连很想积极引进 PDCA 的企业都存在这种现象。在引进 PDCA 之际，制订周密计划是必不可少的步骤，如果在潜意识当中有上述思考倾向，那么想成功地引进 PDCA 是根本不可能的。

值得一提的是，具有这种思考倾向的企业几乎都是名企。比如，东证一部上市企业等。

其实，其中暗示着引进 PDCA 的某种技巧。

◆越是大企业越需要注意

像东证一部上市企业这样强大的优秀企业，基本上都是盈利的企业，早已形成了自身的商业模式，具有悠久的发展历史，

创业企业
快速抓住时代需求，利用独创技术、产品以及服务急速成长的企业。因为创业时间短，所以信用度低，融资力小。

所以有了固定的客户资源，可以大体预测和确保下期的实绩。

假设在这种级别的企业工作，你将如何开展自己的业务呢？比如，在考虑下期实绩之际，你只能考虑到80%，或者根据行业考虑到90%左右的本期实绩。只要没有设定具有挑战性的高目标，就可以仅仅付出10%~20%的努力，去实现下期的工作实绩。这样一来，制订周密计划自然也就没人去关心。

◆正因为没有实绩才更需要制订周密计划

大家可以设身处地考虑一下。假如你白手起家，并且想在短时间内建立创业型企业，你肯定会想尽办法制订周密计划。因为是自己投入的资金，所以你自然会想早早把本金收回，并且盈利。但在树立的目标面前，几乎没有任何可供参考的工作实绩。

本来所有企业应该同上述个体企业主一样致力于制订周密计划，但事实上这一点却被很多企业忽视。

假如你在能大体预测前年实绩80%~90%的企业工作，请务必注意：正是企业现有的安稳环境导致了整个企业内部忽视了制订周密计划的重要性。

大企业和创业企业的不同点

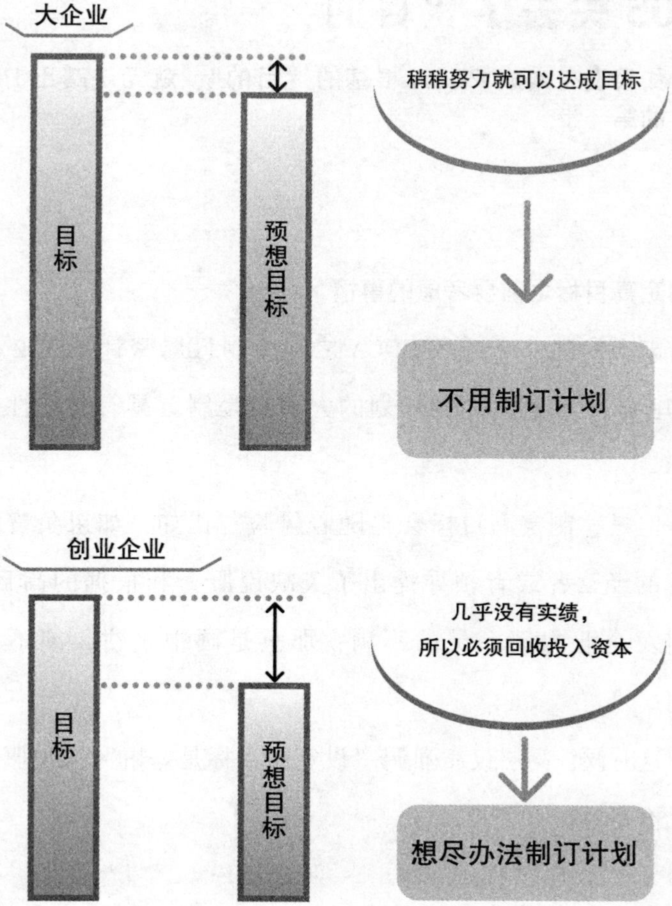

04 小结 有了商业模式，不易想到制订计划。

▶05 失去了“目的”

如果没有构成 PDCA 根基的“目的”，就无法踏出 PDCA 的第一步

◆制定高目标之前要考虑的事情

如上所述，在循环 PDCA 之际，制订周密计划是必不可少的步骤，而制订周密计划的大前提是制定具有挑战性的高目标。

但是，制定高目标会伴随着风险。比如，如果负责目标设定的经营者或者领导提出了欠缺说服力和根据的高目标，会引发企业内部人员的不满，那只是画中之饼，绝不可能做到。

这时候，高层仅靠强调“设定高目标是好事”来说服众人是办不到的。

◆正因为困难，工作才更有价值

PDCA 循环是一切事业活动的基本，要想实现理想的 PDCA 循环，首先要踩在正确的起跑线上。

为了使大家接受高目标，有必要使企业全体成员认识到需

有工作价值的企业

Great Place to Work® Institute Japan 发表了通过独特调查和分析得出的《有工作价值的企业》排名表。

要设定如此高目标的必要性。

如前所述，珠穆朗玛峰峰顶是“目标”，安排如何才能爬到峰顶是“计划”，之所以举攀登珠穆朗玛峰的实例，并不仅仅是为了说明其理由。在这里我想说的是，如果某些组织成员对珠穆朗玛峰峰顶这种危险之地本来就没有兴趣和胆略，那么，跟他是很难就共同目标进行交流的。

所谓目的就是，如果攀登珠穆朗玛峰峰顶成功的话，我们以后可以得到什么，也就是实现目标后接踵而至的成果。如果大家明确了这一点，那么肯定会说，虽然的确很困难，但是值得一试，让我们一起攀登吧。

◆不断进行意识交流非常重要

谈一谈本田技研工业创始人——本田宗一郎的一些逸事。当本田公司还是中小企业的时候，他就站在橘子箱子上面，向员工宣告了企业的宗旨：成为世界的本田。这简单明了地表述了企业的“目的”。

和目标不同，目的没有明确的指标。比如，谁都想变得幸福，但是幸福程度是不能用具体指标来表现的。

就企业而言，企业的目的之一可以具体表述为，把企业变成有工作价值的优秀企业。

最重要的一点是,“目的”不具有量性表述特征，所以需要在企业内部不断展开意识上的相互交流，这样才能使企业全体成员共有统一的价值观，才能使企业在严峻的商业竞争中始终不会失去“目的”。

共有目的并挑战目标

有了目的，也就有了目标

05 小 结 为了不失去目的，平时要加强交流。

06 没有认真制订计划的时间

如果借口日常业务繁忙而不制订计划，则永远也无法贯彻PDCA

◆稍稍修改计划没有什么意义

在和各种各样的企业交往过程中，我惊诧于每个企业在制订下期计划时间上的各不相同，最多见的是在本期最后一个月制订下期计划。快到本期尾声阶段，企业下达了把下期计划尽快提交的通知，然后各部门领导开始制订计划。

不管是什么时间点，只要有充足的时间制订周密计划就可以了。但众所周知，在企业决算期，每个部门都是非常繁忙的，特别是营业、销售等部门，要为了达成本期的目标而东奔西走，至于制订下期目标，他们多会敷衍道：由于本期业务已经安排好了优先顺序，现阶段又太忙，所以没时间制订下期计划。

不过作为企业组织，各个部门制订下期计划的期限是有明文规定的，所以很多部门领导只是把本期计划稍稍修改一下，就当成下期计划。很明显，这样做出来的计划绝不会是 PDCA 要求的周密计划。

◆各部门的职责取决于企业总方针

诚然，这不仅仅是各部门领导的问题。本来各部门制订下

如果没有时间制订计划

年终之前还没有制订计划，那么新年开始后也可以制订计划。PDCA 是无法依靠半途而废的计划得以循环的。

期计划的时候，企业就应该公布企业的下期总方针，各部门再根据企业下期总方针具体确定自己部门的职责。按照这个顺序来看，企业有必要尽早拿出下期总方针。当然，在制订的时候，必须对本期进行回顾并做出总结归纳。

因此，即使想制订出一份时间宽松的日程表，也是会受到现实方面的一些限制的。

尽早开始有困难，而截止日期又是确定的。如此看来，很难找到解决对策也是情有可原的。

◆要认真制订工作现场的下期计划

不过，不能因为这些而疏忽制订周密计划。即使在企业最后期限只能提出相对粗糙的计划，对现场的下期计划也一定要制订得认真、周密和切实可行。因为，如果把给企业的粗糙计划当作现场的下期计划的话，现场会很容易认为下期工作和本期工作差不多，从而失去改变的动力。静下心来认真思考，其实制订周密计划的时间是有的。你必须意识到这一点，直面制订计划的难题。

那么，究竟怎么做才好呢？不要借口没时间，先把大家能够接受的计划制订一遍，然后再逐渐走向制订更完美计划的下一个阶段。

先制订一下计划

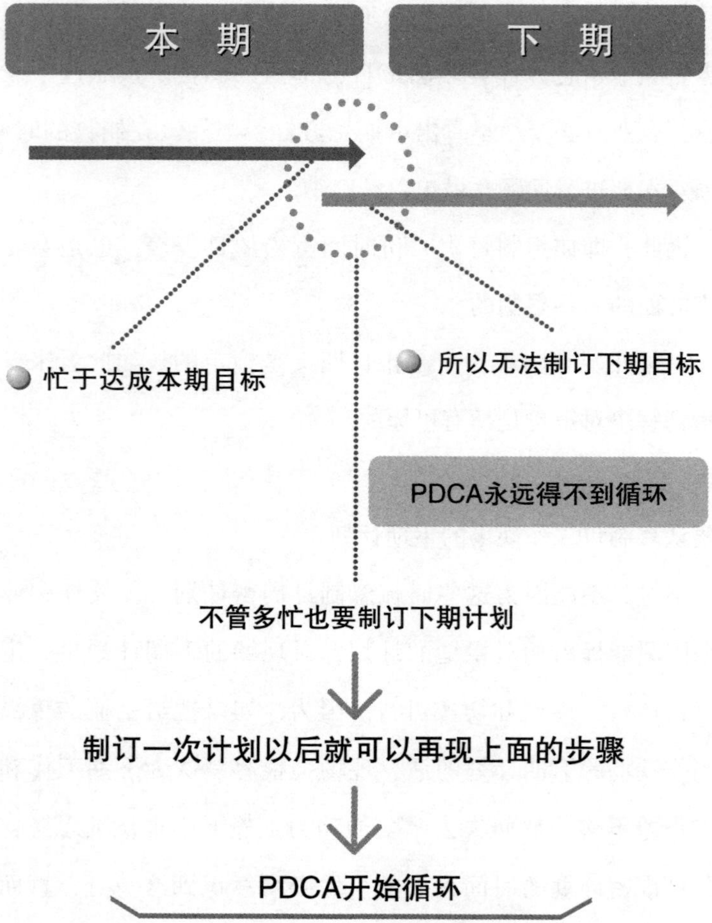

06 小 结　为了循环 PDCA 必须制订一次计划。

感动案例①

制订计划要“下定决心”

——商业街起死回生的机动自行车店铺

▶穷途末路的小企业能否存活下来?

“如果注定失败，我愿意放手一搏，全力以赴坚持一两年，如果还是失败了，我就放弃。”

平成年代经济最不景气的时候，我接到了来自机动自行车商铺总经理的咨询委托。

这家店铺有30坪左右，有两名20多岁的男性职员，年营业额9000万日元，处于极度亏损状态。说实话，当初我是拒绝咨询邀约的。因为我觉得，他一旦支付了咨询费用，公司马上就会倒闭。但当我发现总经理下了这么大的决心以后，我的想法改变了。

话虽如此，这家店铺的经营环境有多么恶劣，从各项数据中就可以看出来。

比方说，机动自行车的日本国内销售量，1982年达到了顶峰320万辆，随后不断下降，2000年的时候，仅售出了100万辆。也就是说，市场规模缩小到了原来的三分之一。

此外，距店铺东面3千米的地方，业界首屈一指的机动自行车专卖店受到了绝大多数年轻人的追捧，而距店铺西方3千米的地方，大型制造商开设了直营店铺，构建了新型销售网。

产业衰退，竞争激烈……

可以说，这家机动自行车店铺，已经陷入了穷途末路的窘境。

但这只是根据表面现象得出的推论。事实上，还有两个非常大的死角需要考虑。

◎尚未拼尽全力

其一，是“国内销售数量”这一数字的蒙蔽性。的确，从全国统计来看，机动自行车市场规模在逐渐缩小。对于小规模机动自行车商铺而言，商圈活动范围只能在半径3千米范围内。

也就是说，这家机动自行车商铺的对象不是散落在日本全国的骑手，只要在“局部地区战争”中取胜就可以了。

其二，是没有在“战场”中拼尽全力。的确，这家机动自行车店铺正在被强大的竞争对手们夹击，形势极为不利。

但是，这并不代表这家店铺已经拼尽全力，彰显了自己独特的风格。也就是说，这家店铺没有着手努力找出自身与竞争店铺不同的优势特色。

基于上述实际情况，我与总经理交换了意见：

“请问，当地人是否知道这家店铺的存在呢？”

总经理回答说：

“我已经在这里做了20年的买卖了。”

从这句话里，可以感知到经营者的自豪感，但同时，也有依据常年的经验形成的刻板印象（盲目自信）。

过往的行人也许对店铺的招牌很熟悉，但并不代表他们了解这家店铺。没有进去过，怎么了解呢？

于是，我提出了自己的建议：

“为了提高公众对店铺的认知度，把机动自行车店更名为小型摩托车店吧。”

◎通过举办活动迅速提升知名度

曾做过汽车经销商机械师，后独立创办机动自行车店铺的总经理，自己也是机动自行车的铁粉，对双轮机动车的喜爱是发自肺腑的。起初，总经理对于主要经营摩托车这一提案很抵触，但为了让店铺起死回生，出于经营者的责任感，他做出了妥协。

首先，要重新装修店铺，让店铺面貌焕然一新，张贴令人愉快的店面广告。

其次，以“首发10日元促销”为名，举办新型摩托车特卖会或竞技大会。

这一举措引发了极大反响。每天进店的顾客人数达到了200名以上，店员每天都要忙于招待顾客。

有的顾客等得不耐烦，会抱怨说：

“还没到我吗？怎么回事啊。”

这是一个好兆头。

此后，源于“西历2000年”的二手小摩托以2000日元售出，冬季期间，举办了打糕大会活动。此外，价格低廉的小摩托保养服务“1000日元查点”也大受好评。为表心意，还会为前来的顾客赠送西瓜。

这些活动乍看起来司空见惯，但却并非权宜之计。

总经理的觉悟成了PDCA循环的原动力，而职员推动了这一进程。

“写什么好呢？”

年轻职员为了写活动通知的材料而犹豫不决，当他们看到逐渐增多的来店顾客时，表现出了难以抑制的兴奋。

3年后，这家店铺的年营业额达到了1.6亿日元，准备开设新店铺，实施连锁计划。

第 2 章

认真制订计划

制订时就觉得目标能够达成，这才是“计划”

▶07 用自己的语言描述目的

领会了目的之后才能迈出 PDCA 的第一步

◆仅作为口号咏唱是没有意义的

你的企业有愿景吧？愿景，也可以称为经营理念、企业方针和社规等。这些叫法虽然不同，但都回答了“为什么企业从事这项事业，这个企业以什么为指向”等一系列的问题。也就是说，这些不同的叫法都表述了企业的“目的”。

正是这个“目的”，成了 PDCA 的大前提。

好不容易用优美语言表述了企业目的，大多数企业成员却只是把它作为优美语言来享受，并不能用自己的语言表述企业目的之中所蕴含的意义，这样的例子比比皆是。比如，在企业的早会上大家会齐声朗诵企业目的，参会者还会一起相互确认对方能不能说出企业目的等，大家都把精力放在了背诵企业目的上，这是极大的浪费。

◆极其普通的语言里所蕴含的意义

很多企业常常用极其质朴的语言表述自己的企业目的。虽

愿景和经营理念

愿景指企业将来应有的姿势，经营理念指思考方法，经营理念比愿景更具永续性。

然语言极其朴素而常见，但选择该语言的背景之中往往有着各种各样的故事。

在我帮助企业制订企业愿景、经营理念的时候，企业经营者经常就企业成长过程中所经历的各种故事侃侃而谈。

比如，创业者建立这家企业的目的，如何渡过了企业最困难的时期，自己入职这家企业的理由，工作之中最受感动的瞬间等。

他们这样做是为了能够用引起企业全体成员共鸣的言语来表述企业愿景、经营理念等，也就是说，各种语言被选来选去，以说明企业目的。

结果，因为考虑到精简化，所以对于最终收集到的语言只能选择其中极其普通的来表述企业目的。

对于企业成员来说，要努力理解表述企业目的的语言背景之中所蕴含的真实含义，这样才能用自己的语言表述企业目的所主张的真实意图，才可以说真正领会和理解了企业目的。

◆用自己的语言表述企业目的并将其传达给企业全体成员

快递行业中著名的日本大和运输企业制作了一部电影，反映在同客户相互接触过程中实际出现过的最感人的场景，并定期为运输司机们播放。这是为了把“我就是大和运输公司”

社是和社训

社是和社训是企业方针和理念的通俗表示，社是指公司应有的存在模式，社训指员工行动指针。

这个以全体成员参与经营为目的的社规渗透到每一个成员意识之中。

不管大家所在企业的目的是什么，理解企业目的后，每一个成员能产生共鸣，并且每一个成员都能用自己的语言表述企业目的，这才是至关重要的事情。

“目的”是循环PDCA的大前提

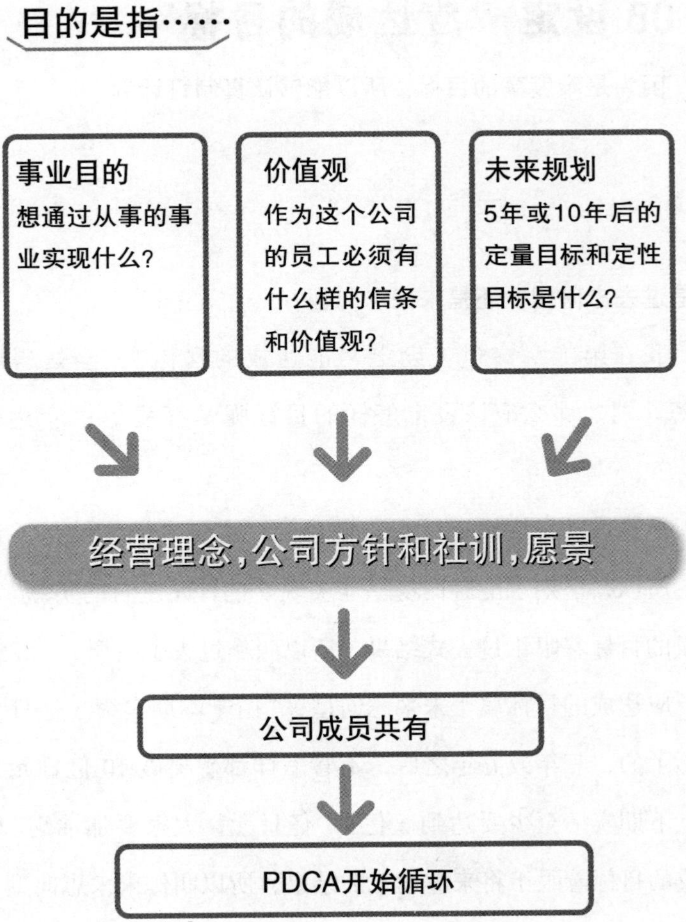

07 小 结 为了全体成员共有目的，要用自己的语言表述目的。

▶08 设定“应达成的目标”

因为是难度高的目标，所以能够认真制订计划

◆是过去志向型？还是未来志向型？

我在第 1 章讲过，设定“能达成的目标”，会妨碍制订周密计划。那么应该设定怎样的目标呢？答案是“应达成的目标”。

能达成的目标属于过去志向型。“由于本期实绩是 5 亿日元，所以，下期也能轻而易举地实现 5 亿日元左右的实绩”。能达成的目标着眼于过去式结果，所以叫作过去志向型。

应达成的目标属于未来志向型。“由于本期实绩 5 亿日元是错不了的，三年或五年之后，不管怎样都想突破 10 亿日元，所以，下期实绩至少要达到 6 亿~7 亿日元，大家要加油啊”！应达成的目标着眼于将来应达成的结果，所以叫作未来志向型。

设定“应达成的目标”是循环 PDCA 的前提——设定周密计划的必要条件。

目的和目标的相关关系

以攀登珠穆朗玛峰为例，“峰顶”是目标，在峰顶上看到“云海”是目的。之所以能够在绝妙景色面前感动不已，是因为不懈地攀爬了危险的绝壁。

◆为了能接近“企业将来应有之面貌”而设定目标

“能达成的目标”和“应达成的目标”之间最根本的差异，在于各自确立目标时瞬间产生的“变化需求度”的强弱不同。

如上所述，“能达成的目标”只能看成过去实绩的几何延长线，所以达成的难度绝不会很高，也没必要费劲去改变到目前为止的工作方法。

另一方面，“应达成的目标”量性地表述了为实现企业组织提出的愿景，企业在3~5年之后应变成何种面貌的课题。

所谓企业将来应有之面貌，就是“变成这样的企业吧”“应该扩大成这样的规模吧”等诸如此类对企业未来之形象更加具体的描述。

◆必然会成为难度高的目标

3~5年后是什么状况现在无法预测，所以决策者一般会说“冷静下来想想，我也不知道能不能完成任务，但为了达成公司的愿景，我们必须做出这些业绩”。

换句话说，要想稳步实现未来几年的业绩，必须严格制订“来年应达成的目标”，这就必然会增加目标的难度。这其实是件好事情。

正因为追逐的目标较高，才能从“更出成果，更有效果”的视点出发，提高对改变工作方法的必要性的认识。

追求大变化，“一定要完成”的信念，这些都会成为制订周密计划的动机。

因此，制订“应达成的目标”是非常重要的。

“能达成的目标”和“应达成的目标”

目标？

能达成的目标	应达成的目标
✕	○
➡目标达成难度低，承袭以前的工作方法	➡目标达成难度高，需要采用更有效果和效率的工作方法

08 小结 设定应达成的目标，可以确实感到 PDCA 的效果。

▶09 明确目标认识上的差异

要找出“应达成的目标”和“臆测目标”之间的差异

◆明确目标认识上的差异的方程式

对于企业而言,“应达成的目标”是无论如何也要达成的量性目标。为了达成这个量性目标，必须弄清楚“臆测目标”的含义。

所谓臆测目标，是指纯主观性地认为，按照到现在为止的工作方法做，以后一定可以取得某种实绩的纯主观预想。

如果明确了“应达成的目标”，又有了“臆测目标”的话，就可以得出以下公式:

目标认识上的差异=应达成的目标-臆测目标

这个差异数值，显示出了现在尚未落实的、为实现“应达成的目标”而需要做出的一部分努力。

为了实现“应达成的目标”，必须制订周密计划消除这一认识上的差异。

数值目标种种
销售额和利润是营业部门目标，企划立案件数
和业务处理件数是企划部门和管理部门的目标。

◆“臆测目标”偏高或偏低都不可取

由认识上的差异方程式（差异=应达成的目标-臆测目标）可以看出，要消除这一差异，必须最大限度地提高臆测目标的精确度，尽可能达到100%的精确度。

因为，如果臆测目标的精确度偏低，其差异值将变得很大，为了消除这一差异，企业组织将不得不进行大量不必要的工作来消除由此引发的消极影响。比如，企业组织提出了高目标的“应达成的目标”，但如果实际做的工作只是为了达成低目标，那么显而易见，这将对企业提高成员士气带来极大的负面影响。

◆差异的可视化有助于提高臆测目标的精确度

那么，如何才能提高臆测目标的精确度呢？如果是店铺，它能以来年营业天数为基准估算“来年臆测目标”；如果是销售部门，它能以既有客源为基准估算“来年臆测目标”。虽然达到100%的臆测目标精确度很难，但像上述两个例子一样，尽量想办法使臆测目标可视化，最终可以提高臆测目标的精确度。

区分“差异”和“臆测目标”

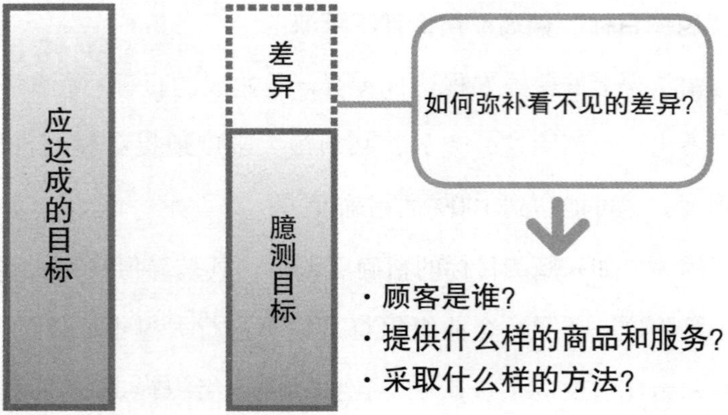

09 小 结 如果差异不明确，就不清楚做什么才好。

▶10 明确“同客户的约定内容”

在决定“应采取的行动”上不可缺少的思路

◆为了消除目标认识差异必须改变工作方法

为了消除目标认识差异，要尽可能使臆测目标可视化，做到了这一点之后，可以说我们就来到了 PDCA 的 P 阶段的门口。

善于思考的人们也许已经注意到了，为了消除目标认识差异，必须提高臆测目标精确度，但是如果采取同从前一样的思考方式和工作方法的话，只能增加工时，这一定会引起企业组织成员的不满。所以，显而易见，到了这个阶段必须改变从前的工作方法。

◆让“同客户的约定内容”成为行动的指针

那么，我们怎样才能改变我们的工作方法呢？在这里给大家讲一讲明确“最重要的工作”的方法，那就是明确定义“同客户的约定内容”。

制订弥补目标认识差异的策略

弥补目标认识差异 --- P的开始

↓

采取以往的工作方法会增加工时！

积极制订周密计划
开启 PDCA 循环

工作增加的话，必须改变工作方法

客户满意（Customer Satisfaction）
这一概念 20 世纪 80 年代开始在美国流行，
90 年代开始在日本流行。

在很多企业，到处可见“提高客户满意度”“客户第一”这样的口号。问题是，很多企业组织成员都不清楚为了实现这些口号究竟要具体重视哪些工作。

再者，很多企业组织成员都不清楚这些口号与自身业务水平和业绩成果的提升之间有什么内在联系。

◆麦当劳的“同客户的约定内容”

2003 年麦当劳从赤字状况一跃成了蒸蒸日上的企业，其成功的秘诀是定义了“决不让客人等待”这一清晰的“同客户的约定内容”。

大家熟知的麦当劳“60 秒活动”是为了贯彻“决不让客人等待”这一“同客户的约定内容”而精心策划的活动，甚至在客人接收订单的过程之中也导入了“OTT-Order Take Time”活动，进一步缩短了客人等待的时间。

在快餐行业，“一切从速”是理所当然的事情，但是麦当劳没有止步于高声提倡口号这一表面层次。为了遵守“一切从速”这一同客户之间的约定，麦当劳精研出了各种各样的方法并彻底落实到了实际行动之中。

根据“同客户的约定内容”来开启计划

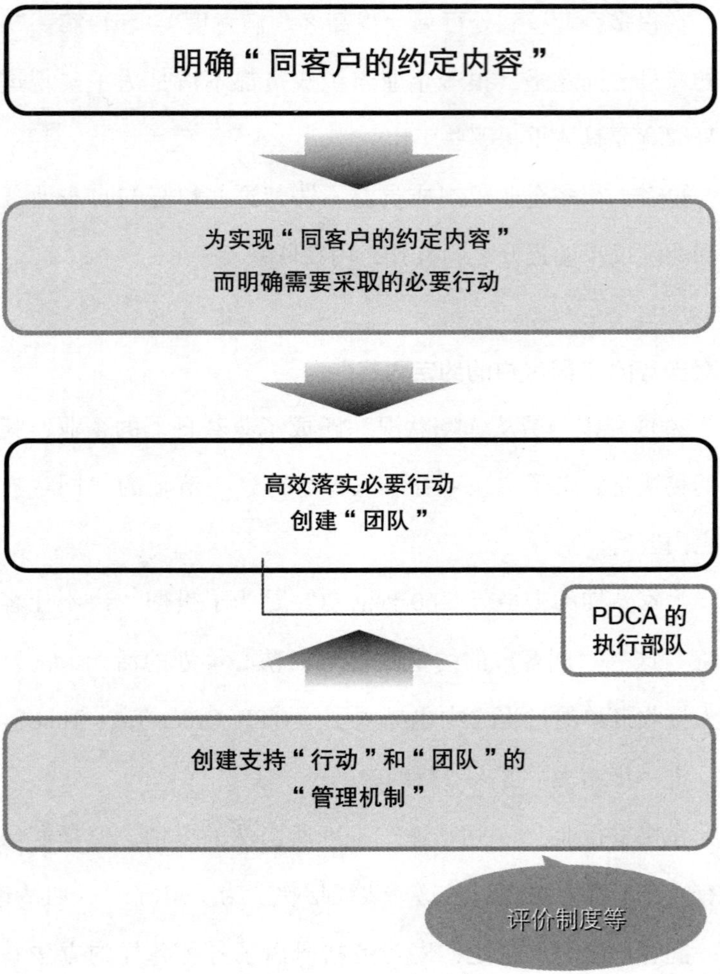

◆你的企业明确了“同客户的约定内容”吗？

希望每个企业都能通过企业组织内部的认真讨论，明确像麦当劳那样富有成效的“同客户的约定内容”。

麦当劳业绩的V形反转

2003年　开始亏损

↓

2004年　销售额3800亿日元

↓——————（市场没有扩大）

2012年　销售额5300亿日元（历史最高）

成功的秘诀是?

同客户的约定内容　　**不让客户等待**

- 满足了客户的潜在需求——
  不想排队等候

- 对客户的吸引力提升了，
  这样每个店铺的销售额和利润都增加

销售额·利润增加

10 小 结　以“同客户的约定内容”为切入点，确定需要采取的必要行动。

▶11 确定最重要的行动

从“同客户的约定内容”中推导出“最重要的行动”

◆“什么都重要”意味着“什么都不重要”

如果提出以下问题:“在你负责的工作当中，哪一项是最重要的?”估计很多人不能立刻给出清楚的回答，因为很少有人会这么问。

如果有人问“客户对你们企业的要求是什么?”，只要从事的是与客户接触的工作，回答这个问题是比较容易的。以麦当劳为例，麦当劳员工可能回答说是“美味”“价格”“丰富的菜单”“享受高雅气氛的感觉”等要素。

这些要素的确都是客人对麦当劳提出的要求，甚至可以说这些都很重要，都是缺一不可、无法辩驳的。

不过，仔细考虑后可以看出，所谓都重要就等于没有优先顺序，当采取具体行动的时候，也就没有了决定优先顺序的依据。所以说,“什么都重要”就意味着“什么都不重要”。

基于上述原因，让我们再思考一下关于明确“与客户的约定内容”这件事情吧。

◆麦当劳偏爱“速度”的原因

麦当劳绝非不追求除了“决不让客人等待”这一速度之外的其他要素。之所以偏爱“速度”，是因为如果无法确保速度的话，无论如何改进店铺内外装饰和菜单，都将变得毫无意义。

如果客人在收银台前焦急等待服务员点餐，或者点餐之后焦急等待服务员送餐过来，那么，显然那些列队等候的客人会等待更长时间，而那些不愿等待的客人会逐渐离开，这样下去必然会影响生意。

◆“最重要的行动”直接和企业战略相关

麦当劳通过确定“决不让客人等待”所需的最重要行动，做到了“能提高速度的挑战就去做，不能提高速度的挑战决不做”这一点。

为了高效活用有限的人力、物力、资金、时间等资源，必须确定最重要的行动是什么。

切实把握客户需求

为了不让客户等待，必须提高“速度”！

11 小 结 通过确定最重要的行动可以决定 P 的主旨。

▶12 以充满信心的心态制订计划

计划制订以后要给众人“能达成目标”的信心

◆制订的计划要能鼓舞人心

企业提出高目标的时候，现场成员往往持否定态度，认为根本无法达成那么高的目标。也有人认为，“道理我都明白，但从现实来讲根本不可能达成”。

就目前的工作状况而言，他们认为实现这个高目标是有难度的。也就是说，他们是以目前的工作方法为前提来预测目标的。由此才会认为，目标本身是不切实际的。

正因为如此，才有必要改变现有的工作方法，以便能够适应将来形势的发展。同时，在制订计划的时候，计划之中一定要明确能够达成目标的具体路径，给全员“一定能达成目标”的信心。

◆现场是否理解和接受“最重要的行动”?

明确“同客户的约定内容”，决定“最重要的行动”之后，要最大限度地强化“最重要的行动”，即明确行动的优先顺序，

定位
在目标市场上使自己企业商品优于竞争企业商品，从而处于优势地位。

按照优先顺序集中投入企业有限的经营资源。

举例来说，企业营业部门“最重要的行动”往往就是“访问客户次数”。值得注意的是，“访问客户次数”和业绩是不是正相关的关系？比如，给营业部门提出“每天访问客户 10 次以上”的目标本身不能说不对，但是如果营业部门提出业绩是否真的和访问客户次数有关的疑问的话，实际上会起到相反的效果。

◆制订能被理解和实施的计划

那么，怎么办才好呢？如果营业部门“访问客户次数”和业绩不是正相关的关系，可想而知，访问客户的效果并不理想，这个时候可以考虑把“最重要的行动”替换成“面谈时间”。

当然，企业决定的“最重要的行动”会因“市场是成长期还是衰退期”“和竞争企业相比，企业本身处在何种地位”等而不同。

总而言之，制订计划所应聚焦之处在于应该深信在决定“最重要的行动”之后，如果以其为基准改变现有的工作方法，那么可以达成目标，并且更重要的是让大家都从心底深信“按照此计划执行是完全可以达成目标的”，这样才能使企业组织成员在理解和接受目标以后，以坚定的信念投入到计划的具体实行阶段中去。

制订能激发“干劲儿”的计划

低密度的访问 → 无法传递公司优势

行动

- 建立客户一览表后增加访问次数，
  → 这时候没有充足的面谈时间

高密度的访问 → 可以构筑良好的关系

行动

- 确定想交易的客户后增加面谈时间，
  → 这样可以做周密的面谈准备

12 小 结 如果制订能被众人理解和实施的计划，那么该计划就有实现的可能性。

感动案例②

确定“应达成的目标”，5个月实现盈利

——让常年亏损部门实现盈利奇迹的大型物流公司

►在最不合时宜的情况下开展的咨询

有一天，我突然接到了来自销售额达到800亿日元的大型综合物流公司主管的邀约，希望我做一下关于PDCA循环方面的指导。

我意气风发地赶到了公司，不承想，竟遇到了出乎意料的事情。

在研讨会上，我讲了关于PDCA的一般状况。随后，需要前往现场做实地指导。但是，聚集到会议室的数名现场领导却愁眉苦脸的。

“为什么让我们来参加指导会？”

“需要咨询的应该是其他部门吧。”

我仿佛听到了这样的心声。

他们所处的运输部门处于常年亏损的状态。我期待能从经营干部着手实现扭亏为盈的目标。

但是，咨询却在最不合时宜的情况下开始了。

“您想让我们干什么呢？如果有好的意见您就直接告诉我们吧。”

他们的目光告诉了我他们在想什么。

的确，他们已经做了充分的努力去减少亏损额度：极度缩减成本和人员开支。

“真伤脑筋啊。”

这次轮到我发愁了。

▶仔细观察“数字”

发愁归发愁，我不能什么也不做。在听取各方意见，进行资料分析的基础上，我找到了问题所在——外购费。

这里说的外购费，是指不用本公司的货车，而委托外部单位运输的费用。

之所以采用外购形式，是因为业界都知道，货车数量的增加会引起固定费用的增加。

这个部门每个月的销售额是5000万日元，但如果仔细观察数字，你会发现：当外购比率超过58%的时候，就会亏损。

实际上，每个月的外购比率超过了60%，难怪会亏损。

那么，为什么外购比率这么难以控制呢？

理由有两个。

其一，是相关人员坚信，如果降低了外购比率，一旦突发意外状况，很难进行外购。

通常，外购比率达到55%左右时，一般可以用本公司的车辆进行处理，但为防止因货物暂时性增多而产生问题，会将工作委托给外部单位。

其二，没有周密地核查“数字”。只会在每个月的截止日期感叹一句：“果然，这个月又是亏损状态。”

“如果周密地核查数字，理论上可以找到扭亏为盈的方法。也就是说，需要将外购费抑制在58%以内。”

我提出了我的意见。

不过，从此往后才是真正辛苦的时候。

▶只要有共同的目标，之后就好办了

为了扭亏为盈，外购费要降低2%~3%。

在接受这个提案之前，我们进行了激烈的议论。

首先，大家表达了对“变化”的抗拒。

很多现场领导偏信多年经验，坚持认为外购可以让货物顺畅流通。

“通过抑制外购费真能扭亏为盈?”

“是的，理论上是可以的。”

类似的对话持续了3个月。

而且，在明白了这个道理之后，也出现了很多不满的声音，大家纷纷表示不愿意改变以前的工作方法。

“那我们到底该做什么?”

“每周仔细核查一下发票数字。”

“工作量太大了吧。”

“是啊。”

假如需要开动100台车，本公司车辆和外部单位车辆按什么比率分配呢？每周都要核查这些问题，对于负责人来说，工作量的确不小。

但是，如果这么做下去的话，就能够拟定恰合时宜的、相对应的策略了。比如说，如果本周的外购比率超过了58%的话，下周只要抑制一下外购比率就可以了。

“好吧，那就这么干吧。”

又经过了一个月后，现场领导的意见终于统一了。

随后，进入了计划实施阶段。不久，便实现了盈利。这距离我见到他们开始，才过去了5个月。

我听到了公司里类似于“真的假的?”“简直就是奇迹!”等各种言论。

第 3 章

提高实行水平

彻底锁定全员应当
共同参与的实行内容

较长劳动时间

据 OECD 调查，2011 年日本人年均实际劳动时间是 1728 小时。同英国 1625 小时、法国 1476 小时、德国 1413 小时相比是较长的。

▶13 把时间花费在重要业务上

有必要在 D 阶段重新安排时间

◆灵活运用有限的时间

在制订周密计划之际，必须明确客户对自己企业的期望是什么，对自己企业的销售额和利润而言最重要的业务是什么。

为了达成高目标必须把时间花费在最重要业务上，对此无人持反对意见。但是，真正到了实行阶段，很多人往往会抱怨："道理我们都懂，但实际做起来很难！"

那么，我们究竟该如何做呢？首先要认识到时间是有限的这一事实。对于企业人员来说，一天工作时间为 8 小时，一周是 40 小时，即使算上加班时间，一个月工作时间也大多不会超过 200 小时。

所谓把时间花费在最重要业务上，就是灵活运用有限的时间，尽可能增加在最重要业务上花费的时间。

很多人认为这是理所当然的事情。问题是之前觉得这是理所当然的人到了实行阶段以后也会觉得实际做起来困难重重。在这个时候，很多企业往往任由个人处理，认为只要每个人充

较低劳动生产力

据 OECD 调查，2011 年日本人均实际劳动时间的生产力是每小时 41.6 美元。同美国 60.2 美元、法国 57.7 美元、德国 55.8 美元相比较低。

分认识到困难，认真做就可以，但实际状况显然没有这么简单。

◆往往被非重要业务夺去了时间

对于销售员来讲，“客户访问次数”“商谈时间” 是最重要的业务。但同时，销售员还会被授予很多其他的业务。比如，既有客户突发的询问，报价单处理，收发订单处理，新客户的信用信息管理，客户投诉应对等。除此之外，还要出席营业会议，进行日报汇报等。

对于企业运营而言，这些都是不可缺少的、不能不及时处理的业务。

如此一来，销售员虽然明明知道 “客户访问次数”“商谈时间” 是最重要的业务，但却往往不得不陷入花费很多时间处理非重要业务的处境。

◆需要企业或团队的支持

希望大家再次明确一点：通常所说的最重要业务对于企业而言也是最重要的业务，而不仅仅是某个销售员个人的最重要业务。

所以，如果想要使每一个销售员都能把大部分时间用于最重要业务上，应该从企业或团队的层次考虑如何才能创造让每一个销售员都能把大部分时间用于最重要业务上的工作环境。

重新探讨时间的使用方法

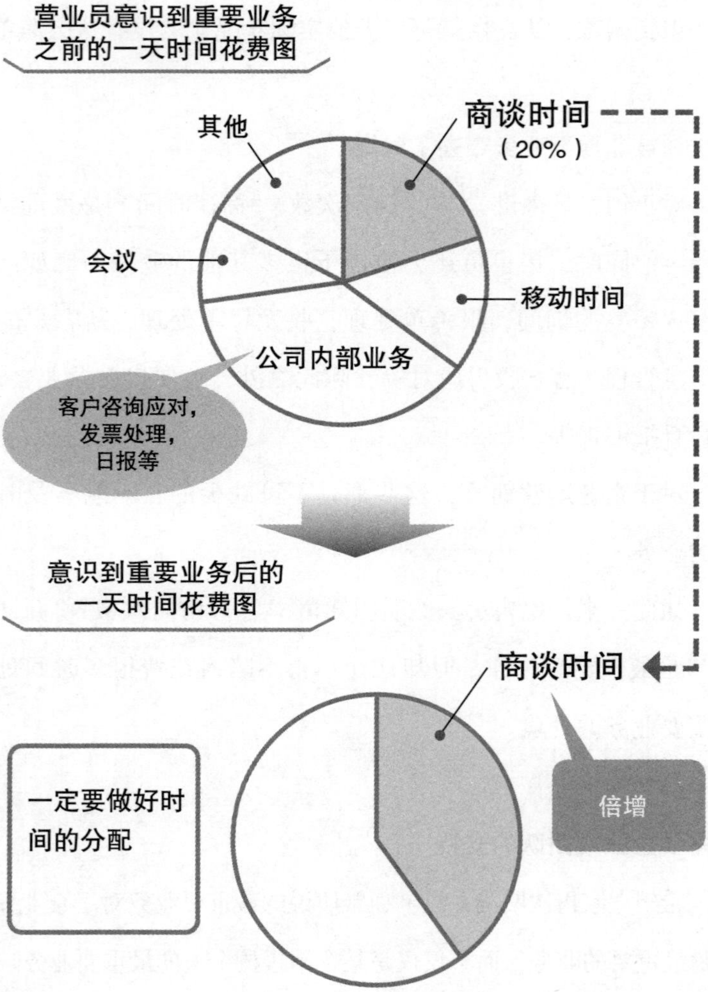

13 小 结 为了把时间用在重要业务上，一定要合理分配时间。

▶14 舍弃非重要业务

有三种方法可以把时间用在重要业务上

◆为什么不能尽全力于重要业务上

所谓把时间用在重要业务上，就是要舍弃非重要业务。不过，在这里值得注意的是，不能误解成要把企业所有非重要的业务都舍弃。所谓舍弃非重要业务，指的是要重组业务结构，把不能算入重要业务的部分舍弃掉。对于有了上述误解的人们而言，几乎所有的业务都是必要的，称得上舍弃的业务是不存在的。其实，他们这样考虑的前提是没有想到要重组业务结构。

另一方面，如上所述，把时间用在重要业务上而舍弃非重要业务这一课题必须由企业或团队全员来决定，不能按照某个人的意志来决定。

每一个企业组织成员所开展的业务在运营企业商业活动过程中都是不可缺少的，都是受到企业运营制度制约的，所以，舍弃什么业务绝不能仅靠某个人的判断来确定。

也许是大家已经习惯了经过长时间形成下来的企业组织各

PDCA 关键人物

因企业组织形态不同而异，一般是课长级别。如果有营业部门，营业课长也是关键人物。简言之，熟悉现场工作的人都可以称为关键人物。

部门的职责分担和随之确定下来的业务推进方法，所以，对于大刀阔斧地改变自己或自己部门的工作方法这件事情，一时很难想得通。也就是说，思考问题时，大家在自己的潜意识中总会不知不觉地以到现在为止根深蒂固的工作方法为出发点，拒绝改变。

◆需要部门之间的商议和调整

那么，怎么办才好呢？这就需要熟知各部门业务的中心人物聚在一起，进行充分的讨论。

重申一下，如果是以“客户访问次数”“商谈时间”为重要业务的企业的话，最好让销售员把精力主要集中在这一业务上，不能因为客户有了某种请求，就非要把企业内部其他成员也可以充分处理的应对客户事件指定给该销售员来做。否则，该销售员就不得不腾出时间来处理非重要业务。

◆进行富有成效的时间分配的秘诀

为了不让销售员把时间浪费在非重要业务（无法纳入重要业务之中的业务）上，一定要在精算非重要业务的基础上，坚决舍弃那些确实无意义的业务。至于确实是企业运营中必要的非重要业务，则应考虑不让销售员花费时间的方法，或者可以安排别的部门代为处理。

总之，既要尽全力于重要业务并正确理解“重要业务”概念的本质含义，也要同别的部门进行充分的商谈。

远离非重要业务的三种方法

如果是营业员

重要业务是访问客户并同客户面谈，然而……

- 即使同客户面谈的时间变短了，也不会受到上司的斥责
- 未及时处理发票等公司内部业务时，会立刻受到上司的批评

公司内部业务优先主义

各部门关键人物应通过协商修正公司制度

1. 取消真正没有意义的业务
2. 考虑不花时间的公司内部业务处理方法
3. 把公司内部业务移交给其他部门处理

14 小结 必须下定决心，立即取消非重要业务。

▶15 不要总认为“我很忙！”

决定了业务优先顺序后，面对不熟悉的业务也不会感到慌张

◆尝试改变会带来压力

把时间花在重要业务上，舍弃非重要的业务。这样，通过组织内部之间的商谈和相互认可之后，企业整体的实行水平将会得到提升。

但是，不能止步于此，还需要企业全体成员在面对变化时具备灵活应对的能力。举个例子，在重要业务是同客户打交道的场合，很难做到按照自己的想法，尽全力于这项业务上。

为了引起客户的兴趣和关心，营业部门不得不尝试做各种各样的宣传手册并加强同客户交流的技能。这些是营业部门从来没有尝试过的崭新的思路，所以营业部门的成员会感到从未有过的巨大压力。

◆受到其他部门的“抵抗”

处理非重要业务的手段有很多种。有些非重要业务是可以痛痛快快舍弃的，而有些对于企业来说是必要的，对于这类非

即使改变工作方式也不会手忙脚乱

考虑过多会引发恐慌

忙的基准

实际工作率超过七成的时候，人会感到忙得不可开交。也就是说，当你觉得自己“很忙”的时候，也会有三成的时间富余。

重要业务应该想办法移交给其他部门处理。这时候，该部门往往会说，自己部门的业务都忙不过来呢，哪有时间处理你们部门的事情？

大家都听说过“总论赞成，各论反对”的说法吧：对于计划的总体大家都没有意见，但是涉及和自己利益相关的具体问题时大家会提出异议。出于自我防护的意识，人们总是在可能迫使自己改变的事情接近自己的时候，表现出“抵抗”。

◆确定业务的优先顺序

在发生这种改变的时候，请大家不要借口说要处理的事情太多，实在忙不过来。人们往往喜欢这么抽象地评价自己的业务繁忙程度。

那么，为什么他们需要处理的事情如此之多呢？这是因为，依靠他们自身的能力无法处理的“不熟悉的业务”和“突然出现的业务”给他们以“要处理的事情太多”的感觉。

冷静地考虑一下就可以看出，其实是“未能确定业务优先顺序”，才招致了“很多业务堆积如山，无法进行下去”的结果。

为了防止这种情况的出现，首先需要精选出“应该做的业务”的数量；其次，要把业务按照“紧急度”“重要度”“难易

将非重要业务转交给其他部门处理

【理想】……总论赞成

各部门关键人物通过协商修正公司制度

【现实】……各论反对

移交到的部门往往会抱怨：“我自己的业务都忙不过来呢……

【理想】　　【现实】

改变工作方法时，组织内部会产生纠纷

每个人必须具备“灵活应对变化的能力”

度”进行分类，最后，要确定“业务的优先顺序”。

总之，人是不可能同时做两件事情的，所以要在“业务的优先顺序”基础上一件一件地开展业务。

井然有序的工作推进方法

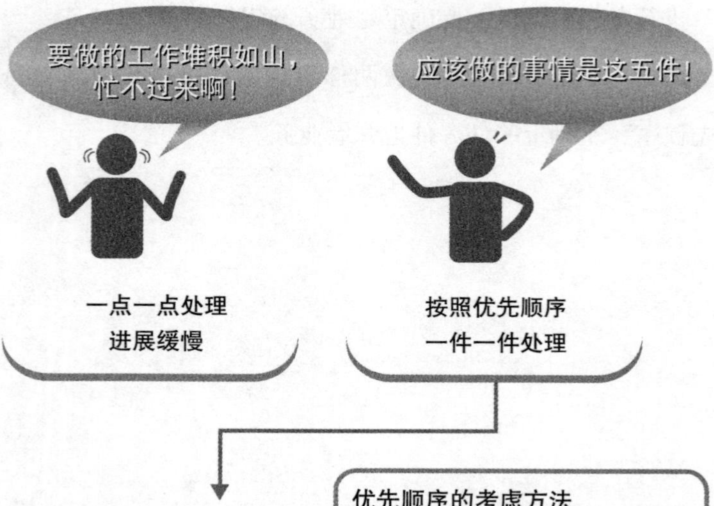

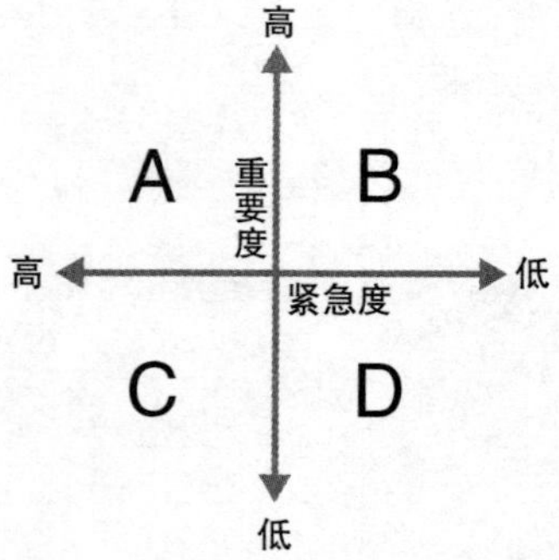

优先顺序的考虑方法

1. 确保处理B业务的时间
2. 根据A业务的紧急程度和重要程度制定应对的策略
3. 商讨C、D业务是否可以取消

难易度的考虑方法

日常业务的推进是没有什么困难的，因为大家都熟悉，而大家不熟悉的业务往往容易被推迟，所以要思考业务的重要程度，安排好应对日程

15 小结 工作量增加时，如果事先决定好了优先顺序，就能沉着应对。

▶16 留出相互交流的时间

组织成员之间的交流对于提高实行水平、促进组织成长起着必不可少的作用

◆业务的效率化并不等于组织的成长

在提高组织实行水平上面，什么是最重要的？针对这一问题，大家会异口同声地说，要创造出组织成员之间能够进行坦率交流的时间。

随着企业规模的不断扩大，职责分担变得越来越细分化。这样就给人留下了只要做好自己分内的工作，即使不和企业组织的其他成员交流也不会影响业务进展的印象。

如果每个人的业务分担都很明确，那么这么想也不能说是不好，但问题的关键在于，如果一个人只顾默默地工作，却不和组织的其他成员交流的话，是不能给企业带来任何改变的，如此一来，企业将无法成长。

◆“讨论”可以提高组织的实行水平

我的办公室在东京。有一次我访问了附近的金融系企业，惊诧于他们悄无声息的工作气氛。这时候我感觉到，如果连最

报告、联络、商谈是上司工作

很多上司会指示部下进行报告、联络、商谈，但其实确认业务进展状况是上司的职责，也就是说，报告、联络、商谈是上司的工作。

基本的交流，比如报告、联络、商谈也没有得到组织成员理解的话，组织的日常工作是很难顺利实行的。

当然，也许他们之间即使不交流，也可以完成最低限度的业务工作。

我要再一次强调的是，所谓 PDCA 循环，绝不是指由个人独立地实行计划。为了达成制定的高目标，绝不可以墨守成规，成为从前工作方法的保守派，要彻底改变从前的工作方法。所以，为了提高组织的计划实行水平，日常的相关讨论是绝对有必要的。

◆会话时间能够决定组织成长

这个业务进展得顺利不顺利？个人考虑这个问题本身不能说是不对的，但是他人的看法或意见也是很重要的。如果他人有能更早完成的方法，那么采纳以后就能更早地修正计划，这样就可以更早地实现计划。

然而，人往往对自己的方法深信不疑，或者哪怕更辛苦一点，也希望能够自己独立解决问题，所以容易在同别人进行业务上的讨论时采取犹豫不决的态度。

正因为如此，留出组织成员之间能够进行坦率交流的时间是非常重要的。可以说，一个组织是否具有成员之间能够进行坦率交流的时间，直接决定着企业是否能够成长。

如此一来，在会话的过程当中，组织当中最基本的交流——报告、联络、商谈也将得以实现。

领导率先创造会话时间

16 小结 以“报告、联络、商谈”牵头的现场会话是 PDCA 循环的引擎。

▶17 讲究言语的表述方式

言语是发现应该做的事情的思考工具

◆正确的言语表述有助于理解问题点

我从事 PDCA 研究的动机是很多企业领导都普遍认为 PDCA 很难循环。为什么很容易理解的 PDCA，真正循环起来却让那么多人望而却步呢？

现在让我们好好从概念的言语表述这一角度考虑一下。

计划是什么？前文讲述过，计划是为了达成目标的风向标，是商业中的数字，计划之中详述了为了达成目标而应该采取的所有行动和步骤。这么考虑的话，不难发现其实很多人制订的计划并不是真正意义上的能够达成目标的计划。

可以说，如果没有用正确言语表述和理解 PDCA 各个阶段的定义的话，我们就不清楚在 PDCA 各个阶段应该做什么。

◆主题是清楚了，但具体课题却不清楚

用正确的言语对定义进行表述对 PDCA 各阶段都是非常重要的。比如，常常有人说“我们企业市场策划能力很弱”，但是

“战略”常用语

常见的有“营业战略”“财务战略”“销售战略”。实际上，所谓某某战略往往是动听的言语，没有实际含义。

当问他所指的市场策划能力究竟是什么的时候，很多人都会支支吾吾，不能给出清晰的回答。

不仅限于市场策划能力，常常还会听到“营业能力弱”“企划能力弱”“中间管理层的领导能力弱”等诸如此类的言语。这些暧昧的说法作为问题点的主题是清楚的，但是作为问题点的解决课题却模糊不清，因此应该更加具体地用正确的言语表述待解决课题的内涵。

◆暧昧的言语表述只能带来普通的实施策略

举个“营业能力弱”的例子。所谓营业能力弱具体指的是，和竞争企业相比营业据点少呢，还是销售员数量少呢？是不是新客户不增加而既有客户呈现减少趋势呢？是不是因为年轻销售员增加而资深销售员减少，所以影响了客户和商品的信息收集呢？所有这些其实都是“营业能力弱”不同侧面的具体表现。领导应该明确自己企业“营业能力弱具体表现在哪里”这一课题，“营业能力弱”仅仅是企业弱项的笼统表述而已。

但是，很多企业往往只是把握了自己企业的弱项——营业能力弱这一主题，就即刻决定派出一些销售员进行研修，而研修的销售员并不清楚自己应该主修哪一项目，结果是企业为了提高营业能力，做出很多努力，但没有产出企业所期望的成果。

所以，一定要养成用正确的言语表述定义的习惯，这样才能从根本上提高组织的实行水平。

聚焦于“为什么”

表象	为什么？	原因
市场力弱	→	只有数值分析，没有行动观察
营业弱	→	没有整理好客户信息，做事没有计划，效率低下
企划弱	→	偏向信息整理，缺乏展示能力
领导力弱	→	无法同有特殊能力的人才进行谋求意见的沟通

不追究原因，就无法制订对策

17 小结 明确了言语的定义，才能知道“现在应该做什么”。

▶18 亲自思考，亲自实行

提高实行水平并取得成果的行动准则

◆从“领会后实行”转变成“亲自思考后亲自实行”

到现在为止，已从不同侧面说明了为了提高实行水平必须从组织层次上着手改进的必要性。

在改进工作方法之际，个人思考以后再实行这一行动准则往往得不到彻底贯彻。希望大家能够深刻地认识到，在企业的运营活动过程当中，为了提高组织的实行水平，必须创造出“亲自思考后亲自实行”的企业文化。

我就职的企业咨询企业——船井综合研究所有一条一开始就继承下来的法则——“1∶1.6∶1.6×2”。如果把上司的业务指示当成命令不得不实行时的成果是“1”，那么，觉得上司的命令确实有道理，理应做而实行时的成果是“1.6”。假如上司没有具体的业务指示，只是扔下了一句“你觉得怎么做才好呢”，这个时候，如果员工积极思考应该做的事情，然后再亲自实行的话，成果将变成“1.6×2”。

换言之，不管企业改进咨询公司提出了如何优秀的改善方

长处伸展

船井幸雄提出了种种理论，长处伸展是其中之一。短处修正做到最小限度，而长处要加以伸展，这点在 PDCA 循环中很重要。

案，如果受训企业无法改善成员们的实行水平的话，依然不会取得令人满意的成果。

◆让每一个成员都思考

我曾多次遭遇过如下的企业咨询结果："我们企业花了巨额资金聘请咨询公司进行企业改进活动，但是结果却没什么变化，他们最后仅仅给我们留下了这样一大堆的改进报告书，从此以后聘请咨询公司成了我们公司的禁忌。"

我要了那些改进报告书看了一下，感觉确实有些欠缺，但是不可否认，这些报告书也有很多值得称赞的地方。

可能是该企业并不具有能把该提案中积极的建议转变成自己企业实行方案的人才，但不管是该企业的责任还是该企业聘请的咨询公司的责任，为了这种没有实际成果的改进活动而花费大量金钱的确是很不值得的。

这种情况不仅限于企业咨询活动，任何想让别人行动起来并希望取得实际成果的人，都必须引导行动者养成"亲自思考后亲自实行"的行为习惯。

◆经过长期实践积累形成的超级经验法则

"1∶1.6∶1.6×2"的法则。

这一法则是船井综合研究所创始人——船井幸雄总结很多咨询企业长期实践经验后的精华，也是在企业咨询事业徘徊低谷之际，很多咨询行业前辈们赖以提高企业咨询活动知名度的有效手段之一。

我觉得这一法则的确是量性地正确表述了每个人投入任何行动之际应该具备的心态。

确认成员的行动模式

你和你的同僚是什么类型？

		实行水平	成果
□	按强制命令行动	↘	×
□	理解命令之后行动	→	△
□	自己考虑之后行动	↗	○

按哨子（指示）或标识（理解）行动是出不了成果的

18 小结 如果养成了自己思考、自己行动的习惯，其实行水平将更高。

▶19 5S 能带来意想不到的效果

组织成员具备“问题意识”，成为实行水平高的组织

◆5S 能够提高实行水平

大家都很熟悉 5S——整理、整顿、清扫、清洁、素养。在这里我想强调的一点是，一个企业通过彻底贯彻 5S 实施步骤能够成长为强大的企业。

在 PDCA 循环过程中，不管“该做什么”的计划制订得多么优秀，如果实行其计划的组织实行水平较低，那么很难取得令人满意的成果。

5S 就是能提高组织实行水平的有效手段之一。

◆通过沟通明确判断基准

如果参观优秀的企业办公室，你不仅可以发现所有地方都被整理、整顿得很好，还可以发现焕然一新的清扫状态，彬彬有礼的员工及其规范化的行为举止。当然，公司的业绩也是很好的。

也许你会认为，正因为是优秀的企业，所以一切理所当然

职场的共同语言

判断基准和沟通类似于车辆的车轮。通过沟通能够明确判断基准，而判断基准能够活跃沟通，这就是有共同语言的状态。

地规范化了。这种想法多少有些偏颇。其实，它们是通过彻底贯彻 5S 实施步骤才成长为优秀企业的。

事实上，企业通过彻底贯彻 5S 实施步骤能够取得两大效果：判断基准和沟通。

比如，整理的一般定义是丢弃不需要的东西，那么什么才是不需要的东西呢？对于这个问题的理解即使是同一家企业、同一个部门也是不一致的。

同样，对于清扫而言，什么状态才是最佳状态呢？这一判断基准，同一家企业、同一个部门也是不一致的。“乍看之下没有散落的东西就可以”“墙和地面要没有灰尘，所有物品都要擦亮”等。

为了从企业组织的层次上彻底贯彻 5S 实施步骤，上司和部下、企业组织各部门之间应该没有不可逾越的鸿沟。只有充分展开沟通明确判断基准，才能使企业维持良好的状态。

◆企业“风土”得以变化

相信大家已经注意到了：为什么从企业组织层次上彻底贯彻 5S 实施步骤是企业成长不可缺少的条件？这是因为，在从企业组织层次上彻底贯彻 5S 实施步骤的过程当中，企业内部会逐渐形成“通过沟通明确判断基准”的企业“风土”。

事实上，5S 并不是需要特殊能力的、难以实施的活动，希望大家都能以饱满的热情投身到 5S 活动中去。

为什么5S能使组织变得强大?

5S 活动

判断基准的共有 ⇄ 密切的沟通

↓

通过讨论整合判断基准的“组织风土”的形成

↓

反映在日常业务上 —— 实行水平得到了提高

19 小 结 通过日常的5S 活动，组织风土得到了改变，实行水平得到了极大的提高。

感动案例③

增加“面谈时间”，逆转成功

——优先构筑新顾客关系的专业经销商

▶重复着毫无意义的上门拜访

我曾经接受过贩卖电动机零部件的专业经销商的咨询邀约。

这家经销商从电动机制造厂商那里购进商品，贩卖给工厂等地。

由于市场有限，为了增加营业额，必须争夺对手公司的顾客。但是顾客企业是不会轻易更改交易对象的。

顾客企业的负责人虽然接受了名片和产品小册子，却只会说：“现在不需要。”

“和顾客企业的关键人物搭建起良好的关系吧，这是现在应该树立的目标。”

我提出了我的意见。

◎构筑新顾客关系的关键是“面谈时间”

在工厂，除了常年生产的产品之外，还有一些需要按照开发规划短时期内进行生产的商品。也就是我们常说的“日常用品”和“突发用品”。

对于新企业来说，生产用于日常用品的零部件是风险很大、竞争力很弱的。因为对于工厂而言，更换零部件供货商是一件非常麻烦的事情。

因此，首先要做的，是争取需要购买突发用品零部件的顾客企业订单。不打开交易账户，只能坐以待毙。

一旦形成了交易关系，后面的客户访问就容易多了。

并且，如果双方构建了信赖关系，就可以进入下一步——提请改换供货商了。

那么，为了实现这个计划，需要做什么呢？

需要“先人一步说出自己的提案”。顾客企业必需的零部件是什么？迅速掌握顾客需求，做好供货之前的步骤安排。

为此，必须增加与客户方的面谈时间。通过交谈，可以掌握各种各样的顾客信息。

但是，公司内部有些人开始犹豫。

“时间不够。”

多数企业都是在这一步陷入了僵局。

◎重新彻底审视公司内部的业务

这家公司为了增加营业员与顾客的面谈时间，不仅营业部门，整个公司都开始重新审视自己的“工作方法”。

首先，很多之前由营业员处理的事务都开始交由营业部门内的事务员去处理。比如，与接收订单相关的发票整理工作等。

然而，这次事务员也有意见了。

“我们没办法处理所有的事情。”

于是，我开始寻求本公司的财会和总务部门的支援。比如说，与贷（给予信用）管理等工作，他们是可以分担的。

通过循环往复的重新审视，营业员削减了曾经忙于案头业务的大量时间，一上午都能专注于自己的营业活动了。

感动案例④

靠与众不同的想法和“灵活的处理能力”让销售额上升2倍！

——实现每月2次库存周转的中小服装销售公司

◎无意中的一句话开启了新世界的大门

“如果是这样，顾客会很开心吧?”

我听完服装销售公司总经理的话后，对他说。

“那就这么干吧!”

总经理激动地说。

这是10多年前发生的事情了。

东京都行政区域内有一家拥有7家店铺的服装销售公司，我接受了对其进行改善的咨询邀约。

这家公司当时的销售额在10亿日元左右。10年后，其销售额倍增，达到了20亿日元。对于整体市场业绩没有增长的服装行业而言，它的进步是非常令人震惊的。

为什么中小服装企业能如此顽强拼搏呢？我们来分析一下。

这家公司开设的店铺，主打1000~2000日元的时尚精品。

它的目标客户是15~25岁的女性。脚蹬厚底凉鞋、身穿超短裙的女孩子是它的常客。

我对时尚界所知甚少，针对业务推进的方法问题，我对公司总经理提出了疑惑。

总经理对我说：

“常客的话，大概会两周来一次。”

我说：

“这样的话，不妨两周替换一下商品品种。”说完，我就冒出了开头那句话。

当时，50岁的总经理虽然爱打扮，但从我的角度来看，就是个普通的大叔。

但是，他展现出来的对工作的热情和行动力却是一般人没有的。

◎以周、日为单位进货

总经理对我的提案表示认同。每两周替换一次商品就意味着每月要对库存进行两次周转。这么算起来，一年就要周转

24 次。

这不符合业界的一般认知。我是个门外汉，才能提出这样的提案。

事后，我向服装业界的顾问专家提起了这件事情，他非常吃惊。

但是，这家公司的总经理却满不在乎地实施了这个计划。

不过，这也需要作战计划。

首先要开一家彻底成功的店铺。这是管理者的常胜之道。总经理把核心店铺拿出来作为一号店铺。

那家店铺的店长是一位 25 岁左右的女性。是中途受聘到这家店铺的，工作了还不到半年。但是，做事情的干劲儿很足。

一周必须抽出一半时间去批发商业街购买商品，据说她出去采购的时间比在店铺的时间还要长。

不过，这段经历也提升了她的认知能力。通过接触批发商业街的最新信息，她能分辨出哪种商品能成为畅销商品。

不用说，要想提高商品的库存周转次数，必须购入畅销的商品。可以说，店长认知能力的提升，是实现计划的加速器。

◎当日的目标当日完成

核心店铺如果能做到“每月两次的库存周转”，就可以将模式扩展到其他店铺。只要有核心店铺的“成功榜样”，其他店铺就会树立起“我也能成功”的自信。

不过，有一点需要坚持，那就是“当日的目标当日完成”。

比方说，不能因为下雨天顾客较少就放弃努力。要想办法完成销售目标。“下雨啦，来一场幸运促销”，我认为举办类似的活动也不失为一种办法。

为了培养全员的专业意识，这家公司每天12点和16点，都会暂停收银，看一下销售额的变化情况。当销售情况不乐观时，他们会积极找出相应策略。

信息是全体员工共享的。12点和16点一到，店铺内就会播放音乐。乐曲有两种类型。一种是暗示“销售状况良好”的音乐，另一种是鼓励员工“再加把劲儿”的音乐。

此外，销售信息还会通过传真传达给各家店铺，实现信息交流。

日积月累，企业规模虽然仍旧很小，却腰腿健壮。

第 4 章

拥有能进行评价的标准

不能表述原因的
不能称为“评价”

▶20 建立和成果直接相关的评价指标

利用 KPI 设定评价标准

◆评价从 KPI 设定开始

KPI（Key Performance Indicator，重要业绩指标）是直接影响企业业绩（销售额、利润）的指标。

在 PDCA 循环管理过程当中，可以说 C 阶段能否取得成果完全取决于设定什么样的 KPI。

但是，现在很多企业的 KPI 设定和管理未能进行得卓有成效。如今，很多企业拥有完备的 IT 设施，可以迅速从互联网得到众多的指标，其中有很多指标都可以用作自己企业的 KPI。当然，这些现象绝不能说是不好的。

但需要注意的一点是，在管理众多的 KPI 时，会不会给企业经营带来各种冲突。

◆注意标准的设计失误

举个销售员通过介绍产品和服务而提高销售额的例子。服装、电气化产品、手机、观光旅游等行业都属于这一范畴。开

KPI（重要业绩评价指标）是指什么？

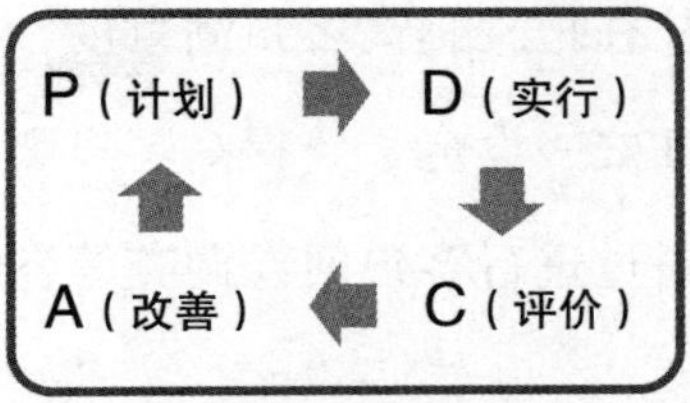

定量表明实行的程度

用KPI（重要业绩评价指标进行核对）

以零售・服务业为例

为提高销售额和利润
- 吸引更多的客户！ ➡以客户数量为 KPI
- 提高客单价！ ➡ 以客单价为 KPI

※结果KPI（参照下一节内容）

深究问题点

- 增加每位工作人员的待客（访问）数量！
  ➡以待客（访问）数量为 KPI
- 延长接待（访问）每位顾客的时间！
  ➡以待客（访问）时间为 KPI

※行动KPI（对照下一节内容）

“满意”是什么？
我们往往会弄错满意的含义。不满的消除不是满意，而是“当然”，所谓满意是超出期待之意。

展这种业务的企业往往把“提高客户满意度”作为企业的经营方针，并且作为 KPI 之一设定了“提高客户满意度”这种综合性的指标，然后，通过进行客户问卷调查等咨询活动调查不同店铺的客户满意程度。

按理来说，客户满意度越高的店铺其盈利额应该越高；反之，客户满意度越低的店铺其盈利额应该越小。不过令人惊奇的是，调查结果显示客户满意度和盈利额完全没有关系，反而是客户满意度越高的店铺其盈利额越小。

这是因为，为了提高客户满意度而设计的 KPI 指标本身有误。

◆要设计同销售额、利润直接相关的 KPI

为了“提高客户满意度”而采取的行动本身如果没有同提高自己企业销售额、利润息息相关的话，由此设计的 KPI 没有任何意义。之所以对 KPI 进行了错误设计，是因为他们仅仅关注到了“如何才能让客户感到高兴”这一点上，而忽视了“如何才能让销售额和利润增加”这一课题。

另一方面，也有很多企业认为，“客户满意与销售额、利润无关”。此时应该反问一下自己“我是不是没有理解自己公司的商业本质”。

建议大家再认真考虑一下上述问题。

设计失误常发生在这个地方！

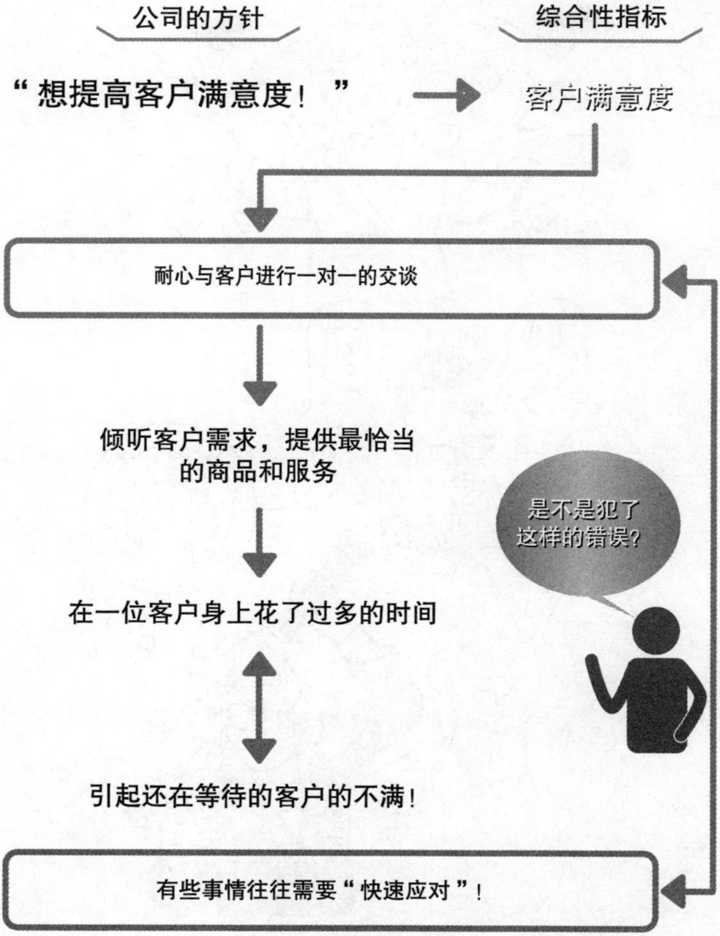

拥有评价标准很重要

眼花缭乱，往往一事无成

20 小 结 为了进行正确的评价，要设定同销售额和利润相关的 KPI。

▶21 行动比结果更重要

努力完善自我管控

◆结果的数值是无法管控的

销售额、利润等最终是由数值体现的，而要管控数值本身是不可能的。诚然，企业为了提高销售额、利润等会进行种种管控，但是，销售额、利润等最终结果的变动不仅取决于企业内部因素，同时还取决于外部环境因素，所以现实中是无法进行量性管控的。

有些企业认为：销售额=客户数量×客单价，因此把客户数量和客单价当成了 KPI。仔细考虑可以发现，其客户数量和客单价不是企业本身能够管控的。

像这样对于其数值本身无法管控的指标，我们要用“结果KPI”进行管理。

◆行动可以自发地进行管控

我的意思并不是结果 KPI 的意义不大。为了找出影响销售额和利润的变动因素，还是有必要对结果 KPI 进行管理的。

但比管理结果 KPI 更重要的是要探究影响结果 KPI 的“行动 KPI”是什么。顾名思义，行动 KPI 把焦点放在行动本身上，所以是可以进行管控的。比如：销售员的“访问客户次数”“交谈时间”等 KPI，是可以通过销售员自身的意识或企业的制度规定进行管控的；快餐行业的“从点餐到用餐所花费的时间”也是可以进行自发管控的。

◆和“同客户的约定内容”联动的“行动 KPI”

行动 KPI 应该尽可能和本书第 2 章介绍过的“同客户的约定内容”联动起来。快餐行业追求速度，同“决不让客人等待”这一“同客户的约定内容”很好地联动起来了。

同理，销售员的客户访问次数、交谈时间也应该和“同客户的约定内容”联动起来。但销售员往往容易站在卖方立场上，产生一些先入为主的理念，比如“访问客户是为了卖货”“延长同客户的交谈时间是为了卖货”等。而这些都不是客户的需求。

不过销售员确实是为了提高自己公司的销售额和利润才增加客户访问次数和交谈时间的，所以这是以卖方为本位的行动 KPI。

因此，有必要明确“为什么要访问客户”“为什么要和客户交谈”以及“客户真正的期望是什么”等问题，并从中找出能和“同客户的约定”联动起来的要点，从而认识到行动 KPI 的重要性。

“同客户的约定内容”和“行动KPI”的关系例图

业种	同客户的约定内容	行动 KPI
餐饮	不让客户等待	商品提供时间（60秒）
服装	保障库存	缺货率
食品批发	快速送到现住址	区域覆盖率
零件批发	先一步推荐商品	同客户的面谈时间

通过行动KPI
找到结果

21 小 结 和“同客户的约定”联动的“行动 KPI”是评价的标准。

▶22 找出行动力差的原因

精确分析过去的问题点，能够发现真正的课题

◆"行动 KPI"和"结果 KPI"的不同点

虽然行动 KPI 是可以管控的，但也并非可以按照自己的设想瞬间提升。

以速度为例说明一下。追求时间上快速的行动 KPI，会因人的技能或企业组织层次上进行的业务结构的安排而异。

此外，很明显客户访问次数、商谈时间等"可以增加数量的行动 KPI"也会因人的技能不同而产生一些差异。

如此一来，可能会有人觉得行动 KPI 和结果 KPI 也没什么区别，其实不然。对于行动 KPI 来说，当其数值得不到提升的时候，可以通过反思其行动探究其原因，这在本质上是和结果 KPI 不同的。

◆有必要反思过去的行动

究其原因，结果 KPI 得不到提升就如同企业销售额、利润得不到提升的状况一样，可以发现形形色色的理由。这个时候很

杜绝埋怨他人

分析事情进展不顺的理由时，总把责任转嫁给他人，这是解决不了任何问题的。

难确定究竟哪一个才是最重要的原因，因为业务和职责的不同会出现不尽相同的很多最重要的原因。

如此一来，如果想把能考虑到的原因全部解决的话，将会发现该做的业务堆积如山，结果是陷进什么业务也无法解决的恶性循环之中而无法自拔。

很多 PDCA 得不到良好循环的企业或多或少都有这样的状况。究其原因无外乎是在 C（计划）阶段，没有明确“行动 KPI 值得反思之处究竟在哪里”这一课题。

所谓明确能给企业销售额、利润带来影响，并能和“同客户的约定内容”联动起来的行动 KPI，就是指企业要明确“行动 KPI 值得反思之处究竟在哪里”这一课题。

◆行动 KPI 会告诉你亟须解决的课题是什么

重新整理一下。

行动 KPI 是同提高企业业绩直接相关的行动。在明确了提高行动 KPI 的数值（尽全力于该行动）是同提高企业业绩息息相关的这一事实以后，如果你的行动 KPI 的数值还是上不去，就应该好好反思一下为什么自己的行动 KPI 止步不前，从而你就能发现其原因，明确你亟须解决的课题是什么。

“结果KPI”与“行动KPI”的不同点

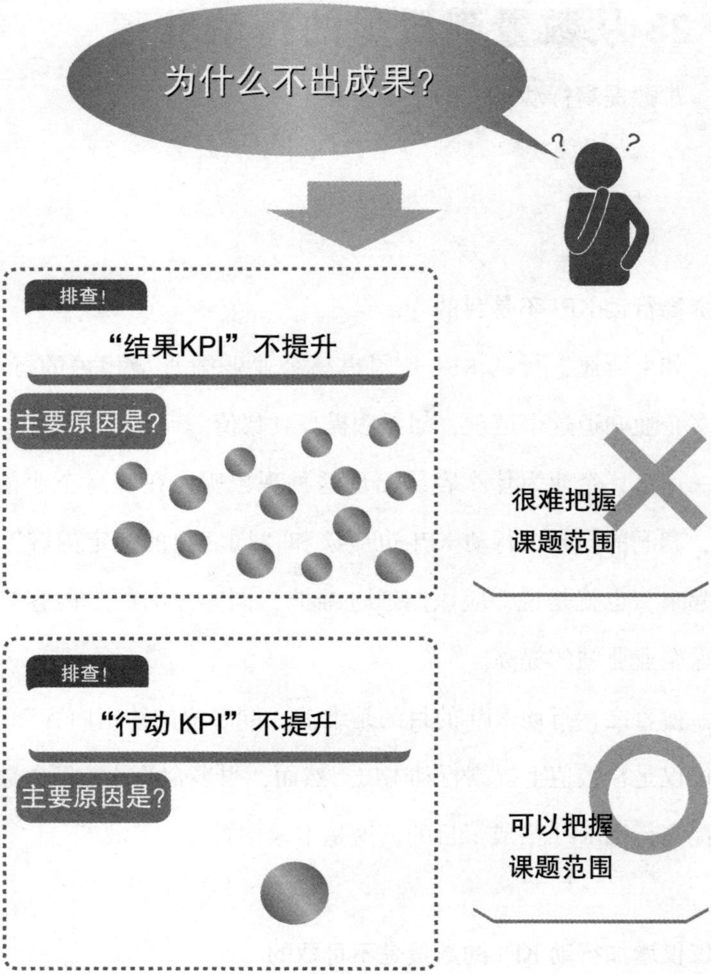

22 小 结 用可以把握课题范围的行动 KPI 使得课题明确下来。

▶23 从数量到质量的行动准则

掌握提高行动 KPI 的正确步骤

◆提高行动 KPI 不是目的

如上所述，行动 KPI 是同提高企业业绩直接相关的行动。很多企业知道这个道理，却无法提高其数值。

那么，企业为什么容易出现这种现象呢？在提高企业销售额、利润的同时，行动 KPI 也应该和“同客户的约定内容”联动起来，也就是说，应该能通过维护“同客户的约定内容”来确保企业业绩的提高。

换言之，行动 KPI 的目的是维护“同客户的约定内容”，而不仅仅是在数值上提高行动 KPI。然而，很多企业往往把在数值上提高行动 KPI 当成了目的，这是本末倒置的。

◆仅仅增加行动 KPI 的数量是不可取的

像访问客户次数、交谈时间这样直接同客户接触的行动 KPI，应该把解决客户存在的问题视为目的，而访问和交谈是为达成这一目的所采取的手段。但是，很多企业往往不知不觉忽

注意“手段的目的化”

日常业务中，手段往往容易变成目的，比如，营业日报的目的是共有信息，但是“写日报”却成了目的。

视了这一宗旨，把增加访问客户次数和交谈时间目的化了。

如此发展下去，客户方面必然会出现如下不满情绪：“没什么要紧的事情，没必要特意过来访问”“来打招呼就够了，希望来访人员能早点儿回去”“太烦了，不想接受访问”，结果逐渐导致了客户敬而远之的心态。

◆要提高行动 KPI 的质量

久而久之，客户的这种心态会产生如下两种情况：一是行动 KPI 的数量本身无法提上去；二是虽然行动 KPI 的数量提上去了，但销售额、利润却提不上去。

可以想象得到，造成这两种情况的原因是行动 KPI 的质量低下。人们往往觉得行动 KPI 的质量主要取决于个人的知识和经验，这是极大的错觉。

行动 KPI 的数量和质量就是哲学中数量和质量的关系，它们是表里一体、无法分开的。行动 KPI 的数量主要取决于个人知识和经验的这种想法，会引起企业内部的混乱，造成迄今为止付出的所有努力得不到任何回报。

增加数量提高质量

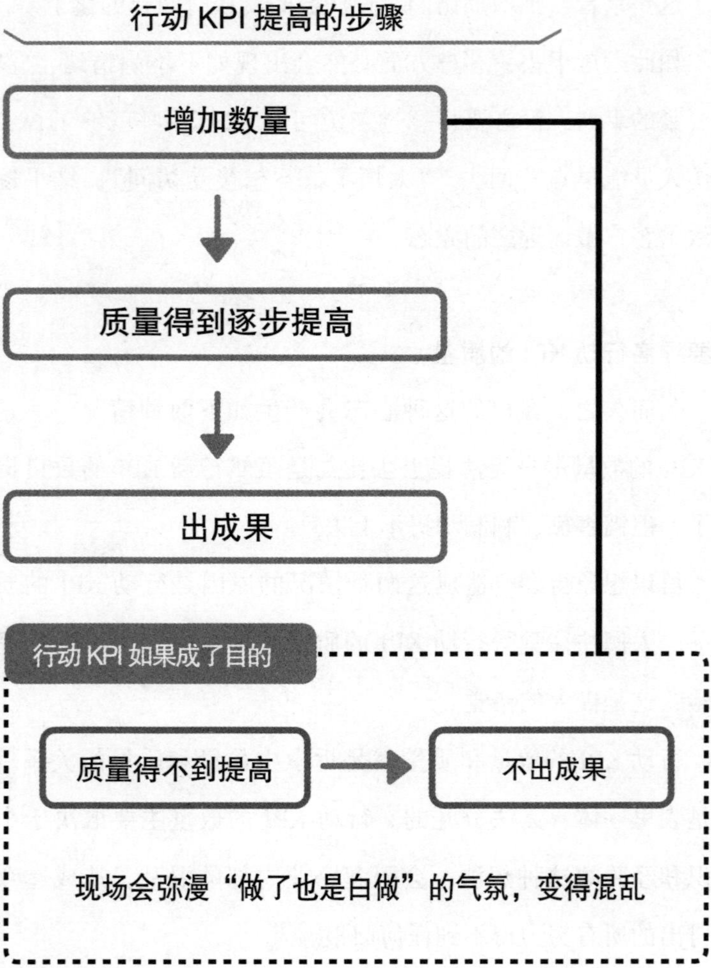

23 小 结 将行动 KPI 目的化，提高行动 KPI 的数量和质量。

▶24 组织全体共同面对问题点

问题点无法单靠个人进行改善

◆不能将问题交给个人处理

在C阶段需要注意的是：不能因为课题已经明确就把问题交给每个人单独去处理。

因为决定了行动KPI这一标准之后，企业组织全体的行为将会发生一定的变化。所以，如果认为“从现在开始交给每个人去处理就可以了”的话，每个人的业务重点将不可避免地转向仅仅确认行动KPI的数量方面，这是不能给企业组织带来任何改变的。

另一方面，事实上每个人除了行动KPI规定的“最重要的业务”以外，还要处理企业组织规定的其他业务。所以，想仅仅依靠个人的努力打破这种矛盾的局面绝不是一件容易的事情。

◆“没有时间”是不是个人的借口？

如果采用交给个人以后听之任之的业务推进方法，容易导

管理就是筹划

通俗地讲，管理就是筹划。经营者要筹划经营资源，营业员要筹划时间。

致什么样的结果呢？

想必大家在自己的企业或多或少经历过下面的情形：遇到无法解决的稍具挑战性课题的时候，大家很容易讲出的理由就是“因为没有时间，所以未能完成”。

明明很清楚行动 KPI 规定了最重要的业务，然而每当自己未能完成时，人都会很泰然自若地解释“本人努力去做了，但是没做成”。

事实上，有相当一部分人的确是因为没有时间才没能完成的。但是，若仔细考虑他们为什么没有时间的话，就会发现一旦面对新的挑战性业务，他们总会想按照从前的工作方法去应对，所以他们才会觉得自己“没有时间”。

◆需要高效地管理业务

那么，怎么做才好呢？答案就是要由企业组织全体共有问题点。比如，或许有必要重新思考一下到目前为止的企业组织各部门的职责分担。

有些不怎么有意义的业务存在，仅仅是因为该业务从一开始就有。比如，有些客户现在已经没有多少业务往来了，如果仅仅因为他是老客户就继续花费大量精力进行维护应对的话，是没有什么现实意义的。

这些问题不是只凭企业组织某一个人的能力就可以解决的，需要企业组织的统筹安排。至于行动 KPI 规定的“最重要的业务”以外的业务，也应该由企业全体成员统一研究和统筹管理。

“没有时间”是这样产生的

原则

由组织全体支持负责销售额和利润的部门行动 KPI 的提高

但是，
某连锁店却是……

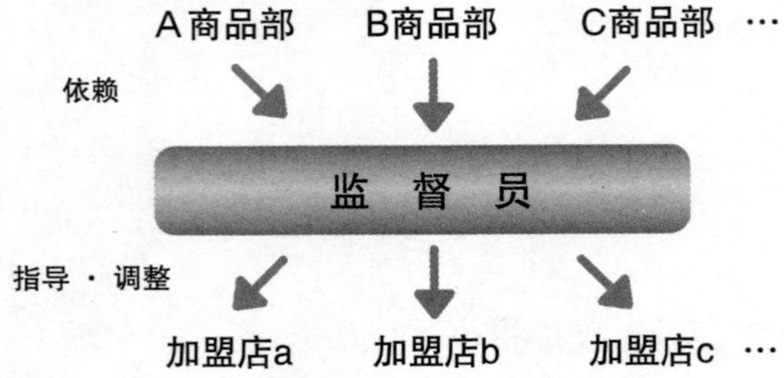

结果

无法共有

没有时间！

· 商品部：没有把握组织的全体状况

· 监督员：指导加盟店每月需要300小时以上

应该做到的却没有完成

→ 无法对加盟店进行指导和调整

24 小 结　行动 KPI 确定之后，应该由组织全体重新探讨业务的管理问题。

▶25 早期评价推动早期改善

利用行动 KPI 进行早期评价，并应用到每日改善之中

◆行动 KPI 可以进行早期评价

大家一定清楚了作为评价标准的行动 KPI 的重要性。可以说，在 PDCA 循环过程中，行动 KPI 是不可缺少的因素。正因为是行动 KPI，所以可以进行早期评价，进而推动早期改善。

如果换成结果 KPI 会怎样呢？对于企业来说，销售额、利润是最高追求，但客户数量、客户单价、客户满意度等是不能进行早期诊断的，一旦它们的数值下降了，将会推想出形形色色的原因，而要想把这些想到的问题一一解决的话，将会花费大量的时间。

另一方面，对于同客户直接接触的行动 KPI，比如商谈时间，可以进行每日的评价。为了比昨天商谈得更好，今天应该怎么商谈，或者为了比今天商谈得更好，明天应该怎么商谈等，都可以进行及时的思考。这也促进了“自己主动追求变化”的积极心态的形成。

◆只有自己主动追求变化才能适应变化的环境

大家都清楚目前所有企业都处于急剧变化的严峻的经营环境之中，如果不能迅速适应这种随时变化的经营环境，企业将无法生存下去。可实际上，真正能够做到的企业少之又少。

借助导入 PDCA 管理工具，形成自己主动追求变化的企业风土。从侧面看，这样的企业具备了迅速应对变化的能力。

◆企业全体成员要有行动 KPI 的意识

一提及“要追求变化”，通常大家都觉得在自己所在的企业或部门很难做到，事实上，这并不是难度很高的事情，甚至可以说是很简单的事情。

把同客户直接接触的重要行动，即能够得到客户支持并能提高自己企业销售额、利润的行动作为自己企业的行动 KPI 之后，尽可能对其数值进行早期的评价，并将评价结果活用在每日的改善活动中去，这样就可以在企业组织内部形成“追求变化”的气氛。

行动 KPI 仅仅由直接负责客户的营业部和销售部予以关心是不够的，应该由企业组织全体成员一起予以关心，只有在这个时候才可以说该企业营造出了“追求变化”的气氛。

用行动KPI进行短周期的评价

结果 KPI

评价需要较长时间（半年、一年……），无法迅速进行改善

行动 KPI

→ 1个月

→ 1周

→ 1天

可以进行短期内的评价

↓

可以进行短期内的改善

25 小 结 组织全员要共同追求能够促进每日改善的行动 KPI。

►26 准确把握应回顾的要点

以行动 KPI 这一标准为依据明确“该做的事情”

◆比起失败的原因，为成功拟定的策略更重要

我为什么一直对行动 KPI 讲个不停呢？因为从人性角度考虑，人都喜欢站在受人瞩目的地方或把目光投向自己感兴趣的事情上。

以体育赛事为例。

在 2013 年举行的 WBC（World Baseball Classic，世界棒球经典赛）中，以三连胜为目标的日本代表队在半决赛中不幸败北，憾然离场。

半决赛对战波多黎各，日本队未能抓住机会，双偷垒失败（一垒跑垒员内川圣一起跑成功，但二垒跑垒员井端弘和未能起跑，错失了机会）。很多人或许还记得当时引发的对失败主要原因的激烈讨论吧。

的确，那次失误也许是影响半决赛成功与否的关键一战。但是，为了能在下一届 WBC 中夺回冠军宝座，我们事后回顾探讨的重点应该不仅仅是失败的原因吧。

◆**究竟什么才是问题重点呢？**

首先，是日本棒球界对 WBC 的定位。本次临近比赛之际，日本队爆发了是否要出场的争执。上次比赛日本取得了成功，也发生了棒球队不派出选手的状况。不知道什么原因，隶属大联盟（译者注：美国职业棒球的最高联盟，分为全国联盟和美国联盟两大组织）的日本队员并没有加入比赛队伍。

其次，是准备时间的长短。多米尼加和波多黎各这对决胜组合，曾于 11 月到次年 2 月举办过冬季联赛，与处于比赛淡季的日本相比，他们在准备方面更占优势。

最后，统一球的问题也不能忽视。过去，日本的投手在参加国际赛事时，常会发生“球面太滑无法顺利投出”的状况，因此日本职业棒球比赛引进了统一球，但很明显并没有什么效果。

上述虽然不是全部原因，但为了能在 WBC 获得胜利，这些都是我们应该回顾探讨的重点。

◆**业务推进上的败北也是同样的道理**

思考方法非常简单。

为了取得比赛胜利，日本球队必须会集最佳球员并保证球员们处于最佳状态。

WBC

各国的职业、业余棒球选手进行比赛，争夺棒球第一国名誉的国际棒球大赛。2006 年 3 月召开了第一次比赛，第三次比赛之后每四年举行一次比赛。

美国队的实力应该是世界第一，却一次也没有取胜过，就是因为没有做到最佳的调整。

前面举了体育比赛的例子，企业经营活动中的不顺利也是一样的道理。在企业经营活动过程中，经常会遇到以下困扰：大宗客户的订单变得越来越小，未来同客户的大宗交易告吹，某些成员严重不达标等。这个时候企业往往会深受这些失败的业务活动的影响和打击。如果企业不能从这些不利中找出应该回顾探讨的要点，只是一味地痛惜，那么下期的经营活动也不会得到什么改善。

不沉溺于失败的阴影之中

大宗客户表示要减少交易

26 小 结 把评价和改善联系起来，不要被事物的表象所迷惑。

感动案例⑤

通过进行来店新客的"KPI分析"，成交率直涨3倍

——通过"边交谈边招待顾客进店"获得成功的汽车经销商

▶真的是"只问不买的顾客"吗？

我接受了一家汽车经销商的咨询邀约。为了争取新顾客，他们设立了5项指标。

①来店新客……一个月大概50人。

②在纸上留下姓名和联系方式的人（这家公司称之为"有希望的顾客"）……一个月大概25人。

③确定了汽车种类并试乘了的人……一个月大概15人。

④与店铺交涉，核定了折旧换车等购买条件的人……一个月大概10人。

⑤成交的顾客……一个月大概5人。

这5项指标可以说都是“结果KPI”。从这些数字可以看出，这家店的销售业绩并不好。来店新客的成交率只有一成，这实在有点儿可惜。

在把握系列事实的基础上，我开始着手进行“改善”。

我首先注意到的一点是：来店新客当中，大约有50%的人能成为“有希望的顾客”。

“有希望的顾客”，也不过就是能通过姓名、住址和电话进行回访的人。这些占据来店新客人数50%的人，不过就是把商品小册子和价格表拿走了而已。

我询问原因时，营业员都异口同声地告诉我：

“他们只是问问，并不想买。”

这些顾客真的是“只问不买”吗？

冷静想想，汽车信息看看汽车杂志就明白了，上面写的非常详细，而且通过网络也能快速获取相应信息。如果真是“只问不买”，有必要特意到店铺的商品陈列处吗？

▶稍微花点儿功夫，就能获得巨大成果

于是，我提出了自己的建议：

“如果来店新客有50人，那么就把这50人全部当成‘有希望的顾客’吧。”

我重申一下，把顾客变成“有希望的顾客”不是一件难度很大的事情，只要能问出对方的姓名和联系方式就可以了。

从进店到成交，这个过程是最能轻松“改善”的。

当然，为了达到目的，必须亲切地迎接顾客。

这家店的营业员具备专业的待客礼节。当顾客进店的时候，全体员工都会起立，恭恭敬敬地向顾客进行问候——“欢迎光临”。

但是从侧面看，这种优秀的接待方式，也会让初次前来的顾客产生压力。

事实上，这家店的顾客给人的感觉也是“战战兢兢地逛一圈，然后赶快离开”。

怎么办呢？我与营业员进行了探讨，得出的结论竟出乎意料的简单。

那就是，如果有新客来店的话，打招呼问其是否要看车。然后以此为契机，边进行些许交谈边把客人引到车的展位。

不过，有一点要特别注意，不要让客人觉得紧张。

我选择利用客人乘坐的汽车的牌照，观察一下顾客的汽车牌照，然后和顾客进行交谈：

“您住在附近吧？”

“您是大老远儿来的吧？”

其实住在哪里并不是问题，只要能成为谈话的契机就可以了。

换句话说，就是把“欢迎光临（您在找什么?）”这种“推销模式”封印起来。

只是换了一种说话方式，3个月后，这家店的来店新客人数的90%都成为了“有希望的顾客”，其上升趋势也一点点反映到了买卖交涉的过程中。也就是说，全体员工“行动的质量”都在提高。

最终，来店新客的成交率提高到了三成。

▶站在顾客立场打招呼的方法

经常有人问我关于如何接待顾客的问题：“我是积极主动地上前打招呼呢，还是让顾客自由自在地享受挑选商品的乐趣?”

这个问题本身折射出一个事实，那就是提问者本人并没有进行过思考。

如果习惯于站在顾客的立场上思考问题，应该是能够具体问题具体处理的。在美容院和高级旅馆，如果服务员站起来一起说“欢迎光临”的话，大概没人会觉得尴尬、讨厌吧。

第 5 章

组织全体成员共同致力于问题的改善

改善问题要突破固有思维的束缚

▶27 “同客户的接触点”是问题改善的要点

以客户为中心查出问题所在能够发现改善要点

◆在A阶段受挫的原因

在PDCA循环中，P是最重要的阶段。其实就算有了P，也时常会有进展不顺的状况发生。所以，要在C阶段分析其原因以后，在A阶段进行改善活动，然后再回到P这一起始阶段。

大家可能觉得这是理所当然的事情，可一旦问起“为什么进展不顺呢”，很多人却支支吾吾回答不出来。这说明大家没有正确把握进展不顺利的真正原因。

如此一来在A阶段将不可避免地招致失败，因为不明原因的改善是不会有结果的，最终结果就是PDCA未能很好地循环。

◆抓不住需要尽全力改善的要点

随着企业组织的成长扩大，部门之间的争论会变得越来越显著。比如，商品开发部门或商品企划部门的人会指责营业部门，认为营业部门吊儿郎当，没能招揽客户，所以企业业绩差；营业部门则会指责开发部门开发出来的商品本身没有水平，所以才导致营业部门的业绩差。在企业内部，如果部门之间只会相互指责的话，是不可能携起手来共同致力于企业的改善活动的。

与此同时，目标达成欲望越高的企业，其成员的问题解决意识越高。这当然是好现象，但越是这样的企业，如果不把看得见的问题点全部解决的话，反而越容易具有企业经营不易好转的危机感。结果，他们往往认为自己部门该做的都做了，所以必须指出其他部门的问题点。

这种想法与“该解决的问题很多，所以要对应很多事情”这个逻辑相类似，都是眉毛胡子一把抓，反而忽视了该尽全力的事情，所以无法开展有效的改善活动。

◆要聚焦于同客户的接触点上

需要注意的是，在 A 阶段考虑“为什么进展不顺”这一问题的时候，不要过度扩大应当考虑的问题范畴。

已经设定好了能够使得“同客户的约定内容”和企业的销售额、利润两立的行动 KPI，并且该行动 KPI 能够给企业的销售额、利润带来强烈的影响，所以当行动 KPI 得不到提升的时候，需要明确的事情只有一个，那就是：在同客户直接接触的过程中发生了什么样的事情。

避免在改善阶段受挫的基本方法

以客户为轴心，筛选事实 ○

去现场

明白了改善的要点

↕

一心扑在内部对立上 ×

企划开发 ······· vs ······· 营业

营业没有责任心　　商品和服务不好

什么也解决不了

27 小结 不要把应当思考的问题无限扩大化，要聚焦于同客户的接触点上。

▶28 进行能够洞悉本质的考察

仅靠言语无法全面掌握客户需求

◆客户往往不会吐露真言

客户往往会说，能稍微便宜点儿的话我就买。那么，这句话是客户的真心话吗？

很多人认为，因为这是客户的原话，所以当然是真的。其实不然。

有时候，向客户进行推销的营业员或销售员会说，我们的商品太贵，会卖不出去的。实际上，你的商品比较起来并不怎么贵。

对于新客户等交际关系并不怎么深厚的客户所说的“稍微便宜点儿的话我就买”这句话，你不应该理解成表面的意思，而应该理解成“我不会从你们企业买”这一层隐含的意思。

◆不要原封不动地接受客户的话

为什么客户会这么说呢？曾经有很多企业共同研究过招致

“我一定再来”是客人的客套话

客人拒绝的常用语除了“能不能再便宜一点”以外，还有“我一定再来”。即使话是这么说了，但往往不见得再来。

客户“我不会从你们企业买”的理由。令人惊奇的是，之所以“我不会从你们企业买”，仅仅是因为“不清楚究竟是怎么样的企业”“不认识来推销的营业员”等个人情绪。

也就是说，当客户说“稍微便宜点儿的话我就买”的时候，如果你信以为真并拼命努力想以低价卖给该客户的话，最终也不会有结果。

重要的是要研究“为什么既有的客户想断绝已有的交易关系呢”这一问题，在明确客户拒绝继续交易的理由之后，应该让客户明白你的企业的强项在哪里。这样，当客户明白了你们的强项以后，也许会改变初衷，继续与你们交易。

总之，和客户接触的时候，绝对不要把客户外在的表现当成内心的表白。

◆如何解释事实？

当然，针对“为什么进展不顺利”这一问题，必须把握同客户接触过程中发生的事实。

在这个大前提下，更重要的是要进行考察以解释这一事实。如果把客户的“稍微便宜点儿的话我就买”解释成客户真心想这么做的话，想办法降价卖给该客户就行了。

企业也可以考虑削减营业员或推销员的人数，引进更低人力成本的电子商务、网上销售等来诱导客户的购买欲，问题是这样做以后，客户也不一定按照企业设想的那样与之建立交易关系。但是，进行种种改善步骤的思考的确能够一步一步提高改善的水平。

找出顾客的真心话

认真思考、挖掘顾客心声

28 小 结 如果不探明客户的真正需求，改善的质量就无法提高。

▶29 消除阻碍才能解决问题

脱离成员之间、部门之间的争斗，推动问题的改善

◆人事考核产生阻碍

在企业组织经营活动中，产生阻碍是不可避免的，相信大家在各自的企业中一定经历过。很多理所当然的业务因为受到企业内部这样那样的因素制约，无法得到顺利的进展。

阻碍往往产生自企业内部的各种人事考核。企业一般每半年或一年进行一次人事考核。对于出成果需要三年以上的业务，这种人事考核是无法进行的。即使该成果是巨大的，也往往是以他们最近的表现为依据进行考核而已。

如果是中小企业的话，总经理一句话可以给予适当的考核结果，但对于有一定数量成员的大企业而言，很难进行灵活应对。

总之，请大家务必注意，企业经营活动过程中一定存在多种阻碍。

◆企业内部的“对立构成图”

需要一定库存的企业经营活动往往会遭遇各种阻碍。

原价率和浪费率
原价率=销售原价÷销售额×100%
浪费率=（买入价−销售额）÷销售额×100%

制造型企业不可避免地要维持一定的库存，然而有了库存就是一种浪费，会受到来自企业成本管理部门的阻碍。但是反过来，如果不维持一定的库存，一旦有了需求却没有可以出售的产品，也会白白失去商机。

接受顾客订单的部门也不可避免地要维持一定的库存。但是，对于管理企业成本的部门而言，这却是一种浪费，他们想尽可能地在保障产品足够供应的前提下削减库存。

◆理解企业组织的机制

如上所述，企业经营活动过程中一定会存在两难处境。很不好的现象是，很多企业组织成员仅仅从自己或自己部门的利益出发，并不能很好地理解组织机制。

对于这种现象如果放任不管的话，一定会影响企业组织成员的工作动力，并会导致业务推进水平低下。所以，一定要让企业组织成员理解企业组织机制中存在这种两难处境的事实。

只要企业组织成员意识到了这一点，问题就好解决了。只要对公司眼下应该做的事情做出指示就可以了。如果这个指示只有经营部门能落实，那么最重要的事情就是创造一种机制，确保信息能够准确迅速地传递到经营部门。

对立是这样产生的

围绕库存问题的对立

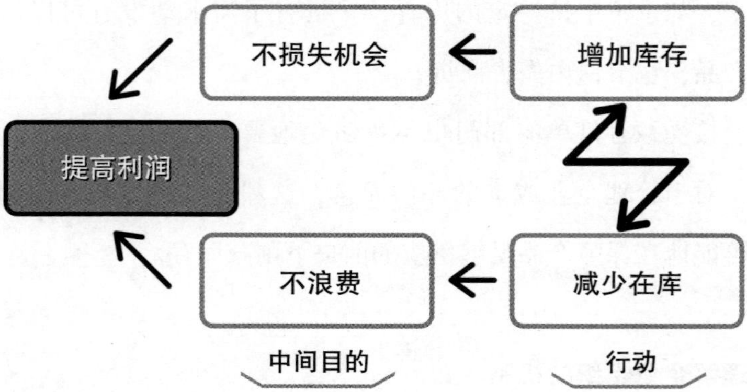

29 小 结 时刻关注组织内部的各种对立问题，推动问题的改善。

▶30 召开有效的会议

决定改善对策中必不可少的步骤

◆会议不止是“汇报会”

本来会议上要议论的课题应该是在行动 KPI 进展不理想的时候，研究其原因并采取适当的对策，但是很多企业成员普遍认为自己企业召开的会议并不能解决实际问题。这是因为很多会议其实只是结果 KPI 的汇报会而已。

即使面对企业业绩恶化的严峻现状，会议上讨论的课题还是“大宗客户订单越来越小”“新商品没有预期那样深受市场欢迎”“由于天气不好所以没能如期召开新商品发表会”等导致结果 KPI 未能达成的理由。参会人员只是在陈述问题的表面现象，并没有提出相应的问题解决方案。

◆分小组进行讨论

常见以下的情形：自己并不很想忘我地投入到工作中去，所以自然而然地联想到他人也是同样的。这样，对于召开有意义的会议这一提案，大家都采取“总论赞成，各论反对”的态

对话的效果

组织往往对个人成绩进行相对评价，而对话可以弥补其弊端。通过个别指导可以提升部下的干劲儿。

度，结果无论怎么召开会议，也没有什么变化。

为了改变这样的企业风土，我在实施企业指导时，会先分成多个组进行讨论，并在规定的时间内让每个组就某一课题达成共识，然后在正式会议上让各组发表各自的课题。也就是说，在正式会议上大家只就事先达成的共识进行阐述。

事实上，不仅仅是企业的正式会议，各种议论、对话也是加强企业组织内部沟通的有效手段。至少，把议论、对话的结果活用在正式会议上是很有必要的。

值得注意的是，在得出一定的结论之前，不要改变各组的讨论课题，一定要对“为什么这个行动 KPI 未能达成当初的目标”这一原因追究到底，不然很容易对失败的改善活动进行一遍又一遍相同的议论，这样不仅造成各种会议、议论、对话的水平低下，还会造成各种改善活动的水平低下。

◆企业的成长离不开沟通

对于想要改变工作方法、追求成长的企业组织而言，沟通的时间必不可少。与一个人默默无闻地做好本职工作就可以的时代极不相同，当今企业的显著特征之一就是企业的两难处境有扩大化的趋势。

沟通是企业组织成员理解企业两难处境必不可少的工具。企业召开的会议不是毫无用处、可有可无的，希望大家端正态度，共同深入思考如何才能召开富有成效的企业会议。

区别使用3种沟通

会议	议论	对话
可以向众人传达需要传达的事情	可以进行议论，但成员需要限制在 5~6 名范围内	可以一对一进行个别指导

30 小 结　问题的改善离不开成员之间的沟通。

感动案例⑥

关注“同顾客的接触点”，掌握开发新顾客的秘诀

——将厨师店长的店锁定为目标的中坚食品批发公司

►从责任人下手，挖掘“看得到的顾客”

“便宜点儿我就买。”

如果有顾客这么说，就得好好思考这句话的意思了，顾客想表达的真实想法是什么？这可真不一定是价格本身的问题。

当然，价格成为交易制约因素的情况也有。

这家公司是中坚食品批发公司，在恶劣的经营环境下，取得了巨大成功。其中，隐藏着不为人知的秘诀。

在食品批发行业，有三大巨头公司：三菱食品、国分和日本ACCESS。可以说，这片市场是以这三家巨头公司为首的大型食品批发公司的天下。因为，从材料等属性来看，食品是不能

靠价格决定胜负的。

以低廉的价格从食品制造商处进货是很难的。结果，只能靠企业的规模。

这家公司，以大企业没有涉足的“距离远”“年纪小”的顾客为对象，好不容易才达到了700亿~800亿日元的年销售额。

但是，如果不采取行动的话，可能会面临营业额下滑的风险。

于是，我对营业的方式进行了大刀阔斧的改革。一方面，对于利润率低的顾客，由总部的客服呼叫中心进行跟进。

由呼叫中心的话务员来接收少量既有顾客的订单，并用明信片的方式对重点商品进行介绍。

另一方面，我对责任人进行了指导，告诉他要专心开发利润率高的顾客。

此时和我预想的一样，公司内部有了反对的声音。

“那位顾客已经不用你招待了。”

听到上司这么说，营业员表达了自己的强烈不满。利润率再怎么低的顾客，也是关系到自己业绩的，把“看得见的顾客”排除在外，会降低自己的销售额，也难怪营业员会不愿意。

但是，只计较眼前的利益，公司和团队都是难以获得成长的。

▶顶级营业员的时间分配方法

具体制定什么样的策略来达成高效经营，这才是最需要解决的问题。

但是，有一个顶级营业员，他的行为给了我重要提示。

这位营业员受到了餐饮店厨师店长的青睐。他经常能从厨师店长的店里获得2亿~3亿日元的销售额。

我的直觉告诉我“这是问题的重点”。

那么，为什么这名营业员得到了顾客的信赖呢？

兼任经营者和主厨的厨师店长一直忙于工作，对本地的信息并不熟悉。

“现在，××町的××店很受欢迎啊。”

“那家店铺的顾客排起了长队，这是他家的一键点餐菜单哦。”

“这次，那家店铺要倒闭了哦。”

这位营业员总会为厨师店长带来他搜集到的最新信息。现在，就算他用手机拍菜单也没有人抱怨他。

我在他身边仔细观察了一下他的行动。其中有一件事，让我对一些问题恍然大悟。

那是一天中午发生的事情。

“肚子有点儿饿了。”

我和他搭话，他回答我说：

“现在不能吃饭。”

他说，午餐时间正是搜集信息的绝佳机会。每天单手拿着笔记，在街上来回走动是他每天必做的事情。他和每天想着跻身人气店铺进行促销的一般营业员不同。

有意思的是，他还没有发现自己的特质。也就是说，他没有意识到自己的行为特性对营业工作的意义。所以，在开公司内部会议的时候，他也没有进行发言，提出自己的想法。

但随后，所有的营业员都开始采用他的方法工作，这种作战方法让营业额得到了飞速提升。

▶评价制度也得以改善

就这样，每个营业员的生产力都得到了提高，公司的利润率也得到了提升。

当然，也增强了营业员工作的动力。自己负责的顾客被剥夺，当时的那股怨气也烟消云散了。

此外，这种成功体验也牵涉到了评价制度的改善。与顾客之间的信赖关系的强弱，这一点也被纳入了人才评价的标准。

为了培养员工优秀的行动特质，这一标准还与5阶段评价制度一起，纳入了人才培养的计划。

也许这么说会有些夸张，这也算是新兴企业文化的萌芽吧。

第 6 章

把 PDCA 最大限度地活用在管理之中

我们的愿景不是达成小目标，
而是完成飞跃式成长

▶31 理所当然地做理所当然的事情

高水平的领导特意亲自参与解决问题

◆为什么“理所当然的事情”总出偏差？

本书开篇曾讲过，PDCA就是针对目标，确立计划，实行计划，对实行计划结果随时评价，然后再采取改善措施，最后再回到计划阶段。

仅仅从字面上理解PDCA是极其简单的，但值得探讨的是为什么这么理所当然的事情总出偏差？

我管理自己的博客还是比较细心的，内容一般不定期更新。一些访问我博客的新人，他们检索最多的一项是“理所当然地做理所当然的事情”，很多人留言说“我很烦恼，明明是件理所当然的事情，怎么就做不好呢”。

◆领导的讲究决定成功与否

能做到“理所当然地做理所当然的事情”的企业和不能做到的企业之间的差异在于企业的持续力。

以第一为目标

任何地方都想取得优秀的成绩，这种做法是比较令人满意的。马马虎虎的工作态度是很不可取的。

第3章的5S也是每个企业应该推进的“理所当然的事情”，而且并不需要什么特殊的专门技能。但事实上能够持续开展5S的企业少之又少。

这样看来，企业想具备某种持续力是很困难的事情。那么，企业怎样才能具备这种持续力呢？

企业具备持续力的条件是企业领导必须具备持续不断的讲究风格。很多企业领导们对此一定持有反对意见，认为自己对企业的经营活动一直很关心，对企业很多事情也都是很讲究的。但是，既然你的企业未能做到“理所当然地做理所当然的事情”，就说明你的关心、讲究没起什么效果。

◆起始阶段是关键

无论是5S还是PDCA，在领导的关心、讲究中不可缺少的一个要素就是“追求极高水平的实践”这一基准设定。比如对于清扫结果，有些领导的基准是“乍看之下觉得干净就行”，而有些领导的基准是“地面和窗户等凡是能够擦的东西都要擦亮，不管谁来看都要觉得很干净”。

更进一步的领导可能对清扫结果诸项目进行NG（不合格）判断，这样企业成员将会变得不等领导指示，就自觉地进行高水平的清扫。

总之，企业领导在起始阶段设定高水平基准并亲自参与实践，这才是领导真正的关心和讲究，而这些关心和讲究将最终决定企业能否具有持续力。

从起点开始就采用高基准

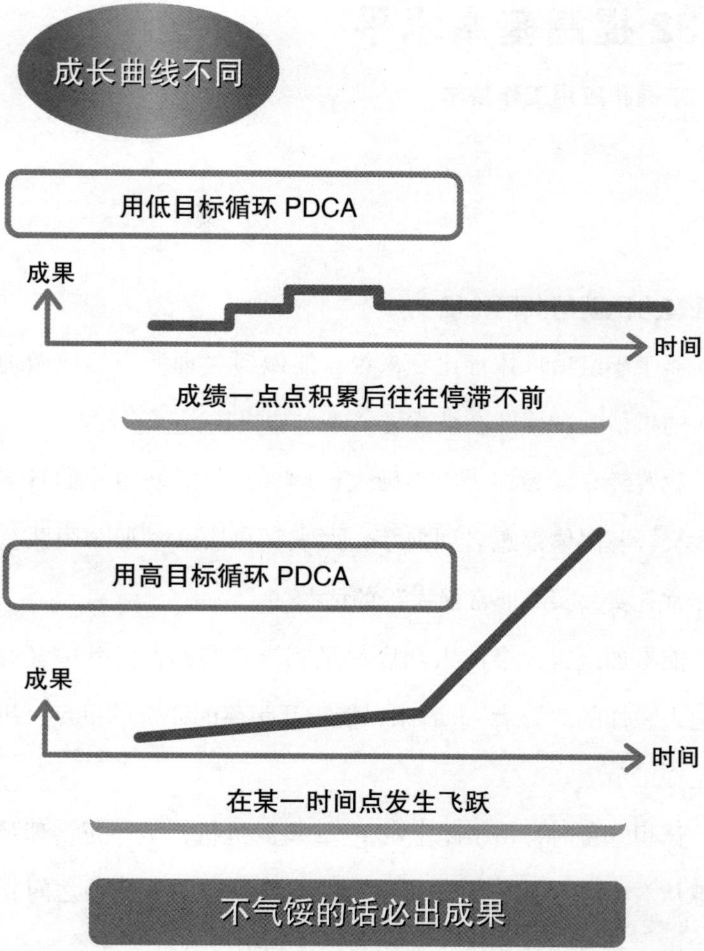

31 小 结 用高基准启动理所当然的事情。

▶32 提高基本水平

掌握和应用工作基本

◆强有力团队的共同特征

对于小组项目体育比赛来说，能做到“理所当然地做理所当然的事情”的团队会被称赞“基本功很扎实”。

我曾经有缘参加了中学硬式棒球（高年级联盟）的日本全国大会，各团体都想名列前茅，大家都在谈论“那个团队基本功非常扎实，实力非常强大”的话题。

能参加全国大会的人功底都是相当扎实的，而其中又有令其他人忌惮的“强者”。看来，能拉开距离的评价的重点，果然还是在细节上。

试想守备时，由于跑垒员1、2垒的危机，下一位击球员的击球从右中间（在棒球运动中，右外场手与中外场手之间）位置飞出。此时，守备员必须注意的主要有3个人：2垒跑垒员、1垒跑垒员和击跑员。

根据被击中的击球的速度和方向、各跑垒员的步速来决定自己的行动，能够有效防止失分和无效进垒。强大的团队会精

了解主旋律

快餐店主旋律是快速，高级餐厅主旋律是殷勤招待。要了解自己企业的主旋律。

准把握这些基础技能并落实到具体行动上。

◆养成思考后再行动的习惯

“理所当然地做理所当然的事情”的团队对于教练的指示不会只当成命令去执行，他们每个成员都养成了领会教练指示背后真实意图的习惯，这样执行起来不仅觉得理所当然，而且在比赛之中可以最大限度地实现教练的目的。

◆正确理解工作基本

企业经营活动同小组项目体育团队比赛是同样的道理。我们不能仅仅提出口号说“PDCA 是所有业务的基本，我们必须好好做”，而是首先应该充分考虑“为良好循环 PDCA 应当制订的计划是什么”这一工作基本，然后在企业组织成员之间进行有效的沟通，明确计划的详细内容。

把握工作基本需要考虑的时间

强大的团队重视高效的会议

32 小 结　为了切实掌握工作基本，要重复案例研究。

▶33 企业战略是指资源分配

决定有效使用有限经营资源是领导职责

◆领导要清醒地认识到自己的职责

有些领导会因为员工人数太少、销售预算被削减等理由对达成目标失去信心。考虑到如今严峻的经营环境，我虽然能够充分理解他们的无奈，但同时总觉得他们的想法不尽妥当。

因为利用企业决定的人员和预算来完成企业赋予的任务正是领导的职责。每个企业能使用的经营资源是有限的，即使对于企业最高经营者来说人员和资金也并非取之不尽。

所谓管理就是想办法有效地使用有限的经营资源。

◆在成熟市场打拼的领导者们

我曾经在生产 OA 机器的企业从事过制订中期经营计划的咨询业务。该企业分为销售额占 80%并且是企业主要利润来源的 X 部门和销售额占 20%并且几乎不盈利的 Y 部门。

X 部门有着成熟的市场，但是该市场已经饱和了，所以通过该市场提高企业销售额是不可能的。

商品寿命

导入期—成长期—成熟期—衰退期。要了解自己负责的企业商品位于哪个位置，比如是成长期或是衰退期。

相比之下，Y 部门是刚刚开拓的市场，所以有提高企业销售额的可能性。故此，该企业决定在企业中期经营计划中大力扶持 Y 部门，以此来提高企业销售额。

这样一来，该企业有限的经营资源（人力、物力、财力）不可避免地偏向 Y 部门。面对企业的这一决定，X 部门不能自暴自弃，而是应该继续利用有限的经营资源想尽一切办法维持原来的销售额。

该企业全体成员要一致支持虽然短期不能盈利，但长远来说事关企业销售规模的 Y 部门。

◆站在高处审视自己的根基

作为领导，不能只关注自己负责的那些事情，还必须结合公司整体情况，思考自己的职责。

当用这样的眼界看待问题时，即便分得的经营资源不足，领导者也不会轻易放弃，而是会思考“我该怎么做”，站在自己所处的立场原点布局一切。

所谓具有较高的目标，就是用这种眼界、这种姿态去处理问题。

战略布局是领导的职责

织田信长用3000兵力奇袭今川义元的3万大军，取得了胜利

33 小 结 为了顺利循环 PDCA，领导要自觉理清自己的领导职责。

▶34 营业战略是指时间分配

按时间顺序制订实行计划，随时改变工作方式

◆为了在成熟市场成长必须改变工作方法

企业经营者通过重新分配企业经营资源，揭示企业战略的方向。如果从事的市场是成长期市场，可以通过增加人手来促进该部门的成长。

严峻的现实是，企业都面临着不得不通过减员或以同样的人手来维持或提高原来业绩的境地。所以即使是在市场成熟期，领导者们也不得不采用比从前更加艰难的管理手段。

因为通过增加人手来提高销售额只能适用于仅仅在数量上扩大从前业务规模的情况。如果在减员或保持同样人手的条件下，仍想维持从前的业绩或更上一层楼，则必须改变从前的工作方法。

想改变从前的工作方法，可是一旦考虑到具体怎么改变的问题，很多人无法进行清晰的构思。

通过压缩增加附加值

20 平方米店铺卖场可以压缩到 15 平方米，多出来的 5 平方米卖场投入新商品来提高销售额。时间使用也是一样，压缩既有客户应对时间，多出来的时间用在新客户开发上。

◆从时间角度考虑会容易理解

如果从时间角度考虑，那么需要改变的要点会变得清晰起来。正如经营资源是有限的一样，工作时间也是有限的。一个人一天工作 8 小时，一周 40 小时，一个月即使算上加班也不会超过 200 小时。此外，每个企业组织使用时间的方法也是不同的。

所以，在考虑改变工作方法时，可以考虑如何改变有限的时间。举个销售员的例子，假设他的客户访问时间中有九成用在跟踪既有的客户，剩余的一成用在开拓新客户。在既有客户没有继续增加的时期，可以把客户访问时间的七成用在跟踪既有客户，三成用在开拓新客户。

◆通过时间分配改变工作方法

这不是优先考虑既有客户后把多余的时间用在开拓新客户的意思，而是兼顾两者时要有轻重之分。还有，对于既有客户访问时间减少的那部分，也要想办法弥补过来。如果因此而失去了既有客户，那就是彻底的鸡飞蛋打。

也可以考虑为增加客户访问时间减少内勤时间的方法。

总而言之，营业战略的改变就是更加合理的时间分配，而更加合理的时间分配将大大改变从前的工作方法。

要考虑时间的使用方法

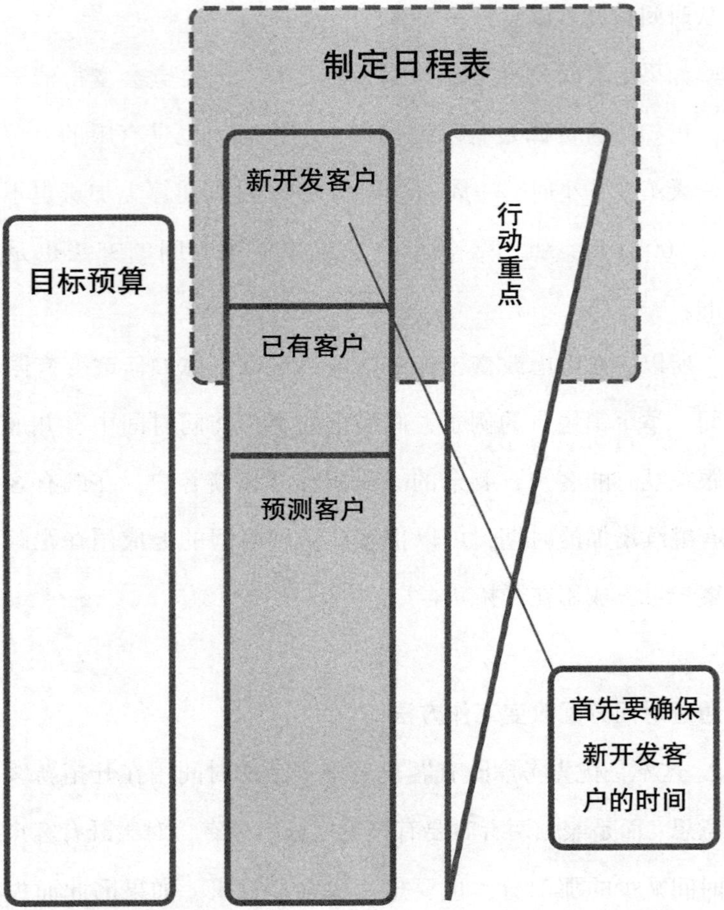

34 小 结 为了有效利用有限的经营资源，要以时间为基准，改变工作方法。

▶35 现场领导才是 PDCA 的重中之重

拥有经营者视野的现场领导是企业得以成长的中心人物

◆到处都有不合理

很多企业都认为没有能交托企业将来经营的人才，所以特意构筑人才培养体制。那么这样就可以真正解决企业接班人问题了吗？

企业没有可以委托将来的接班人，其原因并不在于企业人才培养体制上，而是因为在成长期和衰退期等不同市场环境之下，该企业的现任经营者本身并没有为了自己企业的持续成长进行切实可行的挑战。

除了这些经营者以外，那些上市企业的经营者也是如此。他们以对股东们说明现阶段业绩为己任，不得不把目光投向更具现实性的当前目标。他们想得更多的是在不长的任期内，避免冒着更多的风险，只要能够平安度过自己任期就万事大吉。

总而言之，无论一个人处在何种地位，他都会不可避免地陷进某种程度的两难境地。就连企业经营者有时候都不能按照自己的意愿行动。

已发生事件没有“偶然”

两车忽然相撞的事件也许是偶然的，但是如果有人在空中俯瞰的话，两车接近相撞的危险却是一目了然的。

◆在现场挑战高目标

所以，即使自己所在企业处在无法设定高目标的处境，至少在自己部门或自己管辖范围内应尽量设定高目标。坦率地讲，企业无法成长，对此感到最无奈的并非企业经营者，而是由于企业经营不景气而减薪的工薪层，特别是年轻的新员工和基层中坚干部。

当然，减薪产生的对工作动力的影响也将造成客户满意度低下、利润低下等问题。

◆从现场和经营两个方面锻炼技能

能解决以上问题的，往往是离现场最近的领导们。

领导本身同时具备“鹰之目光”——经营者的视野和“蚂蚁之目光”——现场的视野是非常重要的。领导只有同时具备这两种视野，才能把自己的想法付诸实践。

最后请大家不要忘记，PDCA 绝不是因为其是任何活动的基本才被实行的，而是因为它是能把停滞不前的企业推上成长轨道的极其有效的手法才被实行的。

衷心祝愿大家能够取得成功。

现场领导的十条心得

PDCA 要想良好循环必须做到以下几点！

- □ 即便难度大，也要设定“应达成的目标”
- □ 认真制订可实施的计划
- □ 为了把时间花费在重要业务上，要分配好时间
- □ 舍弃非重要业务，认真商讨业务管理对策
- □ 即便工作方法有所改变，也要冷静下来，管理好时间，整理好要处理的任务
- □ 重视成员间的交流，提升执行的质量
- □ 依据行动KPI，时常审视之前的行动
- □ 在循环PDCA的过程中，要时刻谨记，事态是会发生变化的
- □ 以“与客户的接触点”为焦点推进业务改善
- □ 时刻注意“经营资源”和“时间”是很有限的，并勇于挑战

35 小 结 现场领导要具备“经营者的眼界”，发挥自己的挑战精神。

感动案例⑦

锻炼“鹰之眼”，推动现场运作

——通过干部集训推敲经营战略的精密机器制造厂商

◎通过碰面集训，策划制订中期经营计划

某天，我作为观察员和主持人参加了大型精密机器制造厂商的“干部集训”。

两天一夜的时间，地点在风光明媚的疗养胜地。而且，恰逢适宜观赏红叶的季节。一出会议室，立刻就会产生满满的泡温泉的感觉。

参加集训的人员当中，也有绽放笑容，对“夜晚的宴会”满怀期待的。

然而，事情并没有朝着预想的方向发展。激烈的讨论一直延续到了深夜，会议结束后，所有人都筋疲力尽了。别说宴会了，顶多痛饮一两瓶罐装啤酒。

“不叫你就好了。”

有位干部对我说了这么一句话，我至今记忆犹新。

这次干部集训的目的在于策划制订中期经营计划。有大约15名董事参加了集训，意在验证中期经营计划的或然性（可靠性）。

“现在的销售额是2000亿日元，5年后要达到3000亿日元。”

“营业利润率要从5%提高到10%。”

为了完成这两个目标，需要推敲并制订经营战略。

◎不太好的战略经营计划

会议上，与会的各位董事首先站在自己负责的部门的立场上，明确了战略的定义内容。

比如说，开发本部的干部，就各年度的新机种投入计划和市场分析进行了解说。

生产部门的干部，说明了工厂生产线的整备问题和随之而来的人事费削减计划。

营业本部的干部，热情洋溢地表明了进军东南亚市场的计划。

管理本部的干部，作为制造、营业活动的支持部门，对业务的效率化进行了说明。

各部门说完自己的战略规划后，副总经理提出了疑惑：

“这些战略可靠吗?”

怎么回答呢？那一瞬间，我有一丝迷茫，斟酌词句后我说出了自己的想法：

“如果想让计划更加‘可视化’，不妨试着以‘商品群’为轴心考虑一下。”

说完这句话，漫长的一天开始了。

◎以“商品群”为轴心思考

“以‘商品群’为轴心考虑计划”是什么意思呢?

这家公司的年销售额有2000亿日元，其中主力商品的销售额是1500亿日元。也就是说，主力商品拿出了75%的销售业绩。

并且，余下的25%的销售额——500亿日元，是由运用了尖端技术的新商品群获得的。

但是，虽然这个新商品群有着很大的市场潜在需求，但是目前为止还处于亏损状态。

这里我们必须先确认一下，销售额从2000亿日元提高到3000亿日元的时候，是增加主力商品群的销售额还是新商品群的销售额?

主力商品群虽然利润在提高，但已经过了成长高峰期，市场是比较饱和的。

另一方面，虽然新商品群处于亏损状态，但还有很大的市场成长空间。

从中长期的角度来看可以断定，需要成长的是新商品群而不是主力商品群。

对于这个问题，没有人有异议。

产生纠纷的，是后面的问题。

首先，必须制订出一个以商品群为轴心的具体数值目标。

1000亿日元的销售额增长，怎么分配给主力商品群和新商品群呢？

思考方式有很多种。

比方说，长远估算主力商品群的生命周期，将其销售额从1500亿日元提高到2000亿日元，而新商品群的销售额可以从500亿日元提高到1000亿日元。

或者，寄希望于新商品群的市场潜力开发，将其销售额快速从500亿日元提高到1500亿日元，主力商品群只要维持现在的销售额就可以了。

经过长时间的讨论，第二种方案获得了大家的一致认可。

◎合理分配经营资源

还有一件事情必须考虑清楚。

那就是经营资源的分配问题。

众所周知，人力、物力、财力等经营资源是有限的。在提高销售额的同时，如果想提高利润率，就必须合理分配经营资源。

首先，新商品群需要更多的人员和资金，才能完成销售额从500亿日元上升到1500亿日元的目标。

当前虽然处于亏损严重的状态，但“就算这样也没关系”，这种明确表态非常重要。

◎展现出计划的意图很重要

另一方面，主力商品群分到的人力和财力会越来越少。尽管如此，也要保持现在的销售额。

即便人力和财力不足也不能随意依靠外部进行筹划，因为那样会降低利润率。

换句话说，在人力和财力都较少的情况下保持销售额度的主力商品群部门人员，才是支持全公司高利润率的关键。

这里，我想说明一个非常重要的问题。

那就是，动员现场的关键在于在分配经营资源的时候，详细告知现场相关人员这么做的意图。如果做不到这一点，大家都会有被伤害了的感觉。

一方面，对于这家公司的主力商品群的负责部门人员来说，人力和财力都被削减了。在这种恶劣的条件下，居然还要维持原有的业绩，大家都会有怨言。

另一方面，新商品群的负责部门人员会想："只有5年，居然让销售额增长3倍!"

但如果明确将计划的意图展示出来，主力商品群的负责部门人员和新商品群的负责部门人员不仅不会产生怨言，还会谨守自己的职责，迸发出前所未有的激情。

希望那些期待用PDCA循环改善经营状况的现场领导们能理解这些设想。

宁波现代俊铭企业管理咨询有限公司简介

现代俊铭企管是一家专为制造业提供内训服务、海外研修（TPS）和战略项目咨询的“专业知识供应商”，它源于香港现代企业管理研究中心，1992 年来到深圳，是国内最早从事企业管理的咨询公司之一。25 年来，已成功为 6000 多家企业提供了咨询服务，其中世界 500 强企业 100 多家，日资企业 500 多家。

宁波现代俊铭企管成立于 2002 年，15 年来已与 800 多家企业建立良好的合作伙伴关系。如广博集团、金丰机械、阿尔卑斯电子、舜宇光电、金田集团、梦神集团、山中合金等。目前公司主要是以为制造业提供精益人才培育（TWI 班组长技能提升、TPM 设备维护、SMED 快速换型、IE 工业工程实战、VSM 价值流图析等）、精益项目咨询（精益布局、5S 目视化与现场管理、效率提升等）为主。公司一直秉承“专业、用心、服务”的经营理念，致力于推动中国企业管理创新！

现代俊铭精益管理学院/精益人才培育基地已于 2013 年底建成，占地 1000 多平方米，基地位于宁波市镇海区骆驼国家大学科技园 C 区二楼，目前拥有 TPS/IE 精益培训室、TWI/MTP 专用培训室和精益沙盘演练室各一个。同时基地还拥有一个精益智能实战道场，把理论培训课程结合实战操作，使学员在学中做，做中悟！学员在我们精益道场这一迷你工厂环境中，可以体验到现场及运营的可视化管理、单元生产线模式、简便自动化、AGV 精益物流、IE+IT 系统，智能信息化管理系统等一系列能够在工厂落地实施的工具和方法理念。

从 2012 年到 2015 年，我公司连续四年被评为宁波市优秀中小企业管理培训机构。咨询辅导的多家企业被宁波市经信委评为标杆企业，我们也多次承办了宁波市经信委和镇海区、慈溪市等各级经信局的 IE 工业工程及中小企业精益管理实战班等课程。2014 年我们还成为宁波唯一一家中国机械工程学会工业工程分会理事单位，是天津大学 IE 工业工程硕士教学点及宁波大学等院校的实习基地。2017 年被认定为浙江省企业经营人员培训基地。

“精益制造”专家委员会

齐二石　天津大学教授（首席专家）

郑　力　清华大学教授（首席专家）

李从东　暨南大学教授（首席专家）

江志斌　上海交通大学教授（首席专家）

关田铁洪（日本）　原日本能率协会技术部部长（首席专家）

蒋维豪（中国台湾）　益友会专家委员会首席专家（首席专家）

李兆华（中国台湾）　知名丰田生产方式专家

鲁建厦　浙江工业大学教授

张顺堂　山东工商大学教授

许映秋　东南大学教授

张新敏　沈阳工业大学教授

蒋国璋　武汉科技大学教授

张绪柱　山东大学教授

李新凯　中国机械工程学会工业工程专业委会委员

屈　挺　暨南大学教授

肖　燕　重庆理工大学副教授

郭洪飞　暨南大学副教授

毛少华　广汽丰田汽车有限公司部长

金　光　广州汽车集团商贸有限公司高级主任

姜顺龙　中国商用飞机责任有限公司高级工程师

张文进　益友会上海分会会长、奥托立夫精益学院院长

邓红星　工场物流与供应链专家

高金华　益友会湖北分会首席专家、企网联合创始人

葛仙红　益友会宁波分会副会长、博格华纳精益学院院长

赵　勇　益友会胶东分会副会长、派克汉尼芬价值流经理

金　鸣　益友会副会长、上海大众动力总成有限公司高级经理

唐雪萍　益友会苏州分会会长、宜家工业精益专家

康　晓　施耐德电气精益智能制造专家

缪　武　益友会上海分会副会长、益友会/质友会会长

东方出版社

广州标杆精益企业管理有限公司

標杆精益®
BENCHMARK LEAN

人民东方出版传媒
People's Oriental Publishing & Media
東方出版社
The Oriental Press

东方出版社助力中国制造业升级

定价：28.00 元

定价：32.00 元

定价：32.00 元

定价：32.00 元

定价：32.00 元

定价：32.00 元

定价：30.00 元

定价：30.00 元

定价：32.00 元

定价：28.00 元

定价：32.00 元

定价：36.00 元

定价：36.00 元

定价：36.00 元

定价：38.00 元

定价：28.00 元

定价：38.00 元

定价：36.00 元

定价：38.00 元

定价：36.00 元

定价：36. 00 元

定价：46. 00 元

定价：38. 00 元

定价：42. 00 元

定价：49. 80 元

定价：38. 00 元

定价：38. 00 元

定价：38. 00 元

定价：45. 00 元

定价：52. 00 元

定价：42. 00 元

定价：42. 00 元

定价：48. 00 元

定价：58. 00 元

定价：48. 00 元

定价：58. 00 元

定价：58.00 元

定价：42.00 元

图字：01-2017-2820 号

图书在版编目（CIP）数据

精益制造 042：PDCA 精进法 /（日）川原慎也 著；谌红军 译. —北京：东方出版社，2017.5
(精益制造)
ISBN 978-7-5060-6122-3

Ⅰ.①精…　Ⅱ.①川…②谌…　Ⅲ.①制造工业—工业企业管理　Ⅳ.①F407.406

中国版本图书馆 CIP 数据核字（2017）第 092187 号

精益制造 042：PDCA 精进法
(JINGYI ZHIZAO 042：PDCA JINGJIN FA)

作　　者：[日] 川原慎也
译　　者：谌红军
责任编辑：崔雁行　吕嫒嫒
出　　版：东方出版社
发　　行：人民东方出版传媒有限公司
地　　址：北京市东城区东四十条 113 号
邮　　编：100007
印　　刷：北京京都六环印刷厂
版　　次：2017 年 8 月第 1 版
印　　次：2018 年 12 月第 2 次印刷
开　　本：880 毫米×1230 毫米　1/32
印　　张：6.125
字　　数：106 千字
书　　号：ISBN 978-7-5060-6122-3
定　　价：42.00 元
发行电话：(010) 85924663　85924644　85924641